HSU

HELPFUL INVENTIONS IN THE FUTURE

未来にどんな発明があるとよいか

未来産業を生み出す「発想力」

大川隆法

Ryuho Okawa

まえがき

未来産業を生み出す「発想力」についてのトライアル的なテキストである。私の周りにいる人たちに、できるだけ奇抜なアイデアを出してもらおうとしたのだが、元来ポジティブ人間であるはずの私でも〝NO〟を連発する結果となった。実際、発明ということになると「千三《せんみ》つ」で、千のアイデアを出して、三つヒットすればよいほうなのかもしれない。

だから発明の現場に身を置く者は、百発百中を狙うのではなく、基礎的な情報・知識の学習をぬり重ねながら、「その時」を待ち続けて、アタックし続けなくてはならないのだろう。

最近では、三十才のリケジョ（理系女子）がＳＴＡＰ細胞を発見・発明したというので話題になっている。シンプルでもプロがまだ気づいていないものもあるかもしれない。未来は、だから面白い。

二〇一四年　二月十四日

幸福《こうふく》の科学《かがく》グループ創始者兼総裁《そうししゃけんそうさい》
幸福《こうふく》の科学大学創立者《かがくだいがくそうりつしゃ》　大川隆法《おおかわりゅうほう》

未来にどんな発明があるとよいか　目次

未来にどんな発明があるとよいか

――未来産業を生み出す「発想力」――

二〇一三年十二月二日　収録

東京都・幸福の科学　教祖殿《きょうそでん》　大悟館《たいごかん》にて

まえがき　1

1　小さな工夫《くふう》から始まる「未来産業学」　12

2　「性転換《せいてんかん》できる装置」は可能か　16

すでに〝裏マーケット〟ができているかもしれない　17

3 睡眠《すいみん》時間をもっと短くできないか 20
ニーズは逆に、「睡眠時間をどう増やせるか」という方向にある 20
「寝《ね》ながらできないか」という「逆発想」が生み出した発明 23
「寝ない」ことは付加価値を生むのか 25
4 「頭の良くなる食べ物」はできるか 29
ドクター・中松《なかまつ》氏が発明した〝頭の良くなるふりかけ〟 29
記憶《きおく》力を高める方法①――「五感」を総動員する 30
記憶力を高める方法②――頭のなかに〝整理棚《だな》〟をつくる 32
薬よりは「記憶を定着させる習慣」を 34
もし〝頭が活性化する薬〟をつくるとしたら 36
5 「禿《は》げない発明」はありうるか 39
「男性ホルモン」の多い人は毛が抜《ぬ》けやすい 40

毛が抜けやすい男性は「タンパク質」と「脂肪質《しぼう》」の摂取《せっしゅ》を 44
体の悩《なや》みは「趣味《しゅみ》の世界」に基《もと》づくもの 45
最後は、見た目ではなく「中身で勝負する」 48
悩みがあっても、それに代わるものを持つ 49

6 人間がそのまま空を飛べる機械はできるか 52
人間が空を飛ぶことは「よいこと」なのか 53
霊能力《れいのうりょく》によって「守護霊《しゅごれい》を飛ばすこと」は可能 57
地球の引力をコントロールし、空中を移動する 58

7 「ペットと会話ができる道具」は可能か 60
ペットと「具体的な会話」ができる人もいる 60
「ペットと会話ができる機械」の可能性 64
「コックリさん」にみる〝原理〟については研究の余地がある 67

8
「捜《さが》し物を見つけてくれる機械」は必要か 72
ニーズがあるか疑問のある「失《う》せ物を捜す機械」 72
失せ物を見つける「意外な方法」と「現実的な対策」 75
9
「発育を早くする方法」はあるか 80
「野菜工場」における今後の課題とは 81
人間が二十年かけて大人になる理由 83
「早く成長させてよいもの・悪いもの」を判断する基準とは 86
10
「霊力《れいりょく》を測る」機械はできるか 92
自分の「霊力」を知るための方法とは 93
霊力を上げる食べ物とその注意点 94
「エクソシスト」と霊力の関係とは 98
霊的《れいてき》なことは単純に受け入れたほうがよい 102

11 「新しいエネルギー資源」の発見の可能性は 104
高度産業社会におけるエネルギー開発の考え方 105
この世の中はエネルギーに満ち満ちているという真実 107
自然災害を逆手《ぎゃくて》に取ってエネルギーに換《か》える発想 110
12 「感情を持つロボット」は発明すべきか 113
ニーズとしてある「感情表現のできるロボット」 113
新たに訪《おとず》れる「人間とロボットの共存」という問題 117
ロボットにはどんな「魂《たましい》」が宿るのか 121
13 「週末に霊界《れいかい》旅行」は可能になるか 124
実際は、みんな「霊界旅行」をしている? 125
この世には、「神秘パワー」を十倍、百倍にする力がある 128
14 宇宙人とのコミュニケーションの方法は 131

宇宙人が主《おも》に使う「通信方法」とは　132
宇宙人が地球文明に介入《かいにゅう》できる理由　134
宇宙人との共存を妨《さまた》げているものとは　136

15　**未来産業学は「発明学」から始まる**　140
「現にあるものを便利にする」という発想が「発明学」のもと　140
アイデアのもととなる「異質なものの組み合わせ」　144
ブレーン・ストーミングでアイデアを〝連射〟する　145
アイデアを「実用化」「商品化」し、「資金」として回収する努力を　148

あとがき　152

未来にどんな発明があるとよいか

――未来産業を生み出す「発想力」――

二〇一三年十二月二日　収録

東京都・幸福の科学　教祖殿《きょうそでん》　大悟館《たいごかん》にて

1　小さな工夫《くふう》から始まる「未来産業学」

大川隆法　（普段《ふだん》はかけない黒縁《くろぶち》メガネ姿をとり、意表をついて登場）（会場笑）なにか、おかしいことでもありますでしょうか（笑）。

今日は、「未来にどんな発明があるとよいか」というテーマで質問を受けたいと思います。ただ、幸福の科学大学の〝プロ筋《すじ》〟に考えさせると難しいことばかり言ってくるようなので、彼らを相手にしていると全然進みません。

私が考えるには、結局、考える際の目線が、「自分たち中心」ではなく、「消費者中心」でなければいけないと思うのです。やはり、実際に買ったり、使ったりする人が、「便利になる」とか、「欲《ほ》しい」とか思うようなものを考えることが大事でしょう。

また、予算がそれほどないであろう最初のうちから、巨大《きょだい》な装置が要《い》るようなものを考えても無駄《むだ》になりがちです。まずは、現に世の中にあるいろいろなものに対して、「このように改善や工夫《くふう》をしたほうがよくなるかもしれない」というあたりから考えていき、その改善・工夫したものを企業《きぎょう》などに売り込《こ》んで、幾《いく》らかの収入にして自ら予算をつくり、それを積み上げていって、だんだん難しいものや、大きなものにかかわっていくべきです。そのくらいの資本主義精神があってもよいのではないでしょうか。

やはり、最初からお金がかかるものばかりを考えることはどうかと思うので、今までにないものをつくっていく前に、まずは、すでにあるものに対して、ちょっとした「創意」や「工夫」を加えていくことから始めなくてはいけません。

例えば、パンにあんこを入れるだけで「あんパン」ができたわけですが、こうした工夫一つで新しい製品ができ、それが百年以上ももっているのです。

また、私の子供のころは、プールに入るにしても、女子生徒は、上から下まで一つになった水着（ワンピース）を着ていましたが、今は、女性の水着もセパレーツのものが多くなってきました。あれは、「おむつ」から着想を得て発明したらしいのですが、そのように、ちょっとしたところから新しいものをつくり出していき、だんだん研究そのものに事業性を持たせていくと、大きなものができるようになっていくのだと思います。

やはり、「最初から巨大な装置か何かをつくればうまくいく」というようなものでもないでしょう。むしろ、「素人《しろうと》的な発想」や「考え方」が大事なのではないでしょうか。

それでは、質問者から、「未来にどんな発明があるとよいか」ということについて、できるだけ〝くだらない〟〝アホな〟質問をしていただき、それに実用性があるかどうかについて検討してみたいと思います。

2 「性転換《せいてんかん》できる装置」は可能か

A――　私の質問には、倫理《りんり》的な問題も含《ふく》まれているとは思いますが、あまり深く考えずにお伺《うかが》いさせていただきます。最近、幸福の科学の霊査《れいさ》では、魂《たましい》的にはかつての女性が男性に生まれたりするケースが確認されていますけれども、地上においては、「性転換《せいてんかん》」の手術をするのもなかなか大変です。

そこで、将来、何か、「性転換」ができるような装置をつくってはいかがでしょうか。

すでに〝裏マーケット〟ができているかもしれない

大川隆法　装置は、基本的に要《い》らないのではないでしょうか。それは趣味《しゅみ》の問題ですから、装置などなくても、別に構わないでしょう。「男性が女性の役をし、女性が男性の役をする」というのも、それほど難しいことではないような気がします。それは現実に行われているのではないでしょうか。「装置が要る」と思うところに〝甘《あま》さ〟があるように、私は思うのです。

また、「男性同士が愛し合う」としても、どうしたらよいのかを二人で相談すれば、愛し合う方法は見つかるでしょう。

ただ、「生殖《せいしょく》」という意味において、「女性が男性の役をし、男性が女性の役をしたい」となると、多少、無理はあるのかもしれません。

その意味で、「生殖」という部分、「子供をつくる」という機能以外のことであれば、いろいろなことは考えられるであろうと思います。

ただし、それを市場化するのは難しく、やはり、〝裏マーケット〟というか、何か特殊《とくしゅ》な場所で売らないといけないものしかできない可能性はあります。

私も、その手のものはあまりよく知らないのですが、便利なものはすでにたくさんあるらしいので、まずは秋葉原《あきはばら》辺りへ行ってマーケットリサーチをしなければいけないでしょう。すでに発明されているものを、これから発明しようと考えるようでは、遅《おく》れていることにもなります。

あとは、男性が女性の役をするクラブもありますし、女性が男性の役をするクラブもありますから、みな〝技術〟はいろいろと持っており、十分にいけるのではないでしょうか。

また、男性であっても、女性ホルモンを打てば、女性らしくなってきたりもしますので、そのようなことも可能だろうと思います。

〝技術〟の優《すぐ》れた人に相手をされた場合、「本当に、女性と一晩交渉《こうしょう》した」と思ってお金を払《はら》って帰る人もいるらしいので、その道のプロというのはいるわけです。その意味で、発明のレベルなのか、スキルのレベルなのか、まだ分からないところはあるように思います。

まあ、活字にするのは、やや難しいですね（会場笑）。

3　睡眠《すいみん》時間をもっと短くできないか

B――　「時間を短縮して、いろいろとできることを増やせるようになればよい」と思っています。

睡眠《すいみん》時間をもっと短くし、かつ、起きたときには活力がみなぎって、またスタートできるようにするために、睡眠時間を短くする薬なり、装置なり、何かそういったものは、未来に発明すべきでしょうか。

ニーズは逆に、「睡眠《すいみん》時間をどう増やせるか」という方向にある

大川隆法　私は、逆ではないかと思います。もう少し寝《ね》ていてもいいようなもの

を発明するのが筋《すじ》でしょう。

なぜなら、「睡眠《すいみん》時間を短くしなければいけない」というのは、「過酷《かこく》な時代に戻《もど》る」ということになるからです。昔は、夜も寝ずに働かないと間に合いませんでした。炭鉱労働も、家事労働も、夜中まで働かなくてはいけなかったし、朝は早くから起きなくてはいけなかったのです。

例えば、夜中まで仕事をしたお母さんは、朝起きるのが大変なので、朝ご飯を炊《た》くのが重労働でした。ところが、電気釜《がま》が発明され、さらに、タイマーが発明されて、寝られるようになっていったわけです。

したがって、未来の発明としては、「睡眠時間を短くしてもやっていけるようにするもの」というよりも、「起きていなくても物事が進むようなもの」「寝ているうちにできるようになるもの」などを考えていくのがよいのではないでしょうか。

そのように、ニーズは、むしろ逆で、「これをやれば、あなたの睡眠時間が増やせる」というところにあるわけです。

例えば、「睡眠時間を一時間増やしながら、英検一級に受かる法」とか、そういったものを発明すると、ニーズは非常に出ますが、「睡眠時間を縮めて受かる法」であれば、別にそれほど大した工夫《くふう》ではないような気がします。

やや、ずぼらに聞こえるかもしれませんが、やはり人間は、「怠《なま》けながら生産性を上げる」というところに、いちばんの付加価値を感じると私は思うので、「勤勉になる」というのは最終手段かもしれません。もちろん、「やむにやまれず」という状況《じょうきょう》になれば、夜も寝ず、休みも取らずに働くのはしかたがないとしても、そうでなければ、「休みながら働ける」、あるいは「サボりながら働けて、生産機能が上がる」というニーズがあると思うのです。

「寝《ね》ながらできないか」という「逆発想」が生み出した発明

大川隆法　例えば、車のタイヤとか、戦車のキャタピラとか、ものを前に進める道具として、昔から車輪のようなものがありますが、これを応用してできたものが「水車」です。

水車をつくって、小川の水でグルグルと回転させ、そのエネルギーを移動させていけば、石臼《いしうす》をひく力になります。そうなると、川が流れ続けるかぎり、自動的に粉をひき続けているわけですから、「起きていなくても粉がひけている」ということになるのです。

しかし、それが発明される前はどうしていたかというと、「ひき臼の取っ手に馬などを縛《しば》りつけ、鞭《むち》打って、臼をグルグルと回させる」というような方法をとっていました。そのやり方では、馬は必死で働かなければならないのですが、川の水が働いてくれるようになったら、やはり楽になります。

睡眠時間を減らして、ピンピンしている方法もあろうかと思いますが、それで早死にしたらバカバカしいので、むしろ、いろいろなことを余分にできるような余裕《よゆう》をつくろうとするなら、「寝《ね》ながらできるもの」を考えるほうがよいのではないかどうか」を考えるほうがよいのではないでしょうか。そうした逆発想をしていったほうがよいと思います。

あるいは、理系の人であれば、実験をしていても、変化が起きるまでにずいぶん時間が

水車の発明により、人間の睡眠中にも自動的に粉をひけるようになった。

かかる場合、いつも起きて見張っていなくてはいけなくなるので、いかにして手を抜《ぬ》く方法があるかを考えないと、損をするような気がします。

例えば、警備であっても、「防犯カメラ」のようなものができることによって、ずいぶん〝手が抜ける〟ようになりました。

「寝《ね》ない」ことは付加価値を生むのか

大川隆法　どちらかというと、「寝《ね》ずに元気でやれる」というのは、ニーズ的には、宗教的な発想、超人的《ちょうじん》発想のほうでしょう。嘘《うそ》か本当かは知りませんが、ヨガの行者《ぎょうじゃ》などには、「何十年も寝ていない」というような人もいます。
では、「何十年も寝ていなくて、何をしているのですか」といえば、別に何をしているわけでもないことが多いのでしょうから、「寝ないことが付加価値を生むかどうか」ということには、やはり、問題があるような気がするのです。

実は、人間は寝ている間《あいだ》に霊界《れいかい》へ行って、〝充電《じゅうでん》〟したり遊んだり、いろいろしていますので、「寝ない」ということは、おそらく将来的には、霊的《れいてき》に支障が出るのではないでしょうか。

「それほど寝なくてもいける」という状態は、興奮するような薬剤《やくざい》か何かをつくることで、ある程度、可能にはなると思います。ただ、やがて、体が慣れてきて、能率が落ちてくるはずです。

もちろん、寝すぎたらぼけますが、できれば少しでも余分に寝ながらも、能率を上げる方法がないかどうかを考える必要があるかもしれません。

単に睡眠を短縮し、「三時間しか睡眠を取らない」という〝ナポレオン睡眠〟が、はたして人類の理想でしょうか。やはり、「残り二十一時間で何をするのだろうか」と考えてみると、余計な仕事、やらなくてもいい仕事をたくさんしていそうな気がするので、近代のマネジメントの発想からすれば、逆の面があるのではないかと思います。

どちらかといえば、「もっと眠《ねむ》れる方法」「寝ながら仕事を進める方法」を考えるほうがよいでしょう。

例えば、今、私の法話《ほうわ》を撮《と》っているビデオカメラの性能がもう少しよければ、カメラマンは寝ていても構わないのですが（会場笑）、それで、もしも映《うつ》りが悪くなったりするようなことがあれば、やはりまずいわけです。

ただ、「もし、ピントがずれて、映像がきちんと録《と》れていないときには、何かのシグナルが出る」というのであれば、もう少し安心できるようになるかもしれません。

また、銀行でも、屈強《くっきょう》な警備員を雇《やと》うお金が惜《お》しかったら、女子行員にカラーボールを持たせて、犯人にぶつけることもありえるでしょう。色が落ちないようなものをつけることができれば、逃《に》げ場所がなくなって、捕《つか》まるしかなくなりますから、これも、方法の一つではあります。

そのように、普通《ふつう》の考えとは違《ちが》うことを検討してもよいのではないでしょうか。

私は、いたずらに睡眠を減らすのがよいとは考えません。ただ、どうしても減らしたい人は、その減らした分だけ、何か生産性の上がるものがあればよいとは思います。

4 「頭の良くなる食べ物」はできるか

C―― たぶん、これは、まだ発明されていないのではないかと思いますが、「頭の良くなる食べ物」とか、受験期などにおいて、「勉強する前に一粒《ひとつぶ》飲めば、記憶《きおく》力が数段上がるような薬」とか、そういうものは、いかがでしょうか。

ドクター・中松《なかまつ》氏が発明した〝頭の良くなるふりかけ〟

大川隆法 薬ではありませんが、両方ともすでに発明されており、例えば、「頭が良くなる食べ物」は、すでにドクター・中松《なかまつ》氏が発明しています。彼は、「天才である自分のようになるには、どうしたらよいか」を考えた結果、自分が三十五年間で食べたものの成分を分析《ぶんせき》し、それを乾燥《かんそう》させ、粉末のふりかけにすれば、自分と同じ栄養分が摂《と》れるから、頭が良くなるということで、〝頭の良くなるふりかけ〟を発明したわけです。また、同様の発明により、アメリカの国際発明協会でグランプリを取りました。ただし、そこの会長は彼自身がしているそうです（会場笑）。

とにかく、そういうものは、すでにあることはありますが、本当に頭が良くなるかどうかについては、証明した人は誰《だれ》もいません。ただ、本人が言っているので、「そうなのかもしれない」とは思います。

記憶《きおく》力を高める方法①――「五感」を総動員する

大川隆法　また、「記憶《きおく》力が良くなる」ということについては、仏教では、「お経《きょう》を百万回唱えたら、暗記力が上がる」という「求聞持法《ぐもんじほう》」というものがあります。

●求聞持法　密教において、虚空蔵菩薩を本尊として行う、記憶力増進のための修法。

確かに、お経を暗記していると、暗記力が上がることはあるかもしれませんが、実際はなかなか覚えられないでしょう。

ただ、そのように暗唱をしていると、暗記力が上がったり、発声しているうちに頭が刺激《しげき》されたりすることもあるかもしれないとは思います。

質問は、「一粒《ひとつぶ》飲めば、記憶力が良くなるもの」ということでしたが、私の経験で言うと、やはり、記憶というのは、睡眠《すいみん》中に定着することが多いと思います。要するに、勉強したあと、寝《ね》ている間《あいだ》に定着するわけです。

「その薬を飲んだら、もうガンガンに覚えられる」というのは、いわゆる〝朝《あさ》漬《づ》け〟型の勉強（「試験を受ける日の朝に勉強したことであれば、試験中は覚えているため、朝に詰《つ》め込《こ》む」という勉強法）をする人のやり方なのではないでしょうか。しかし、本当の記憶にしたかったら、夜までに勉強して、朝覚えているようにしなければ、テストには間に合わないはずです。

なお、一般《いっぱん》的な記憶の方法は「繰《く》り返し」なのですが、あとの覚え方としては、「できるだけ五感を総動員していく」という方法が、いちばんよいと思います。「手だけではなく、目だけでもなく、口だけでもなく、耳だけでもなく、いろいろなものを総動員して覚える」とか、あるいは、原始的な方法だけれども、「目に見えるようなかたちで、いろいろ貼《は》り出して覚える」とかいうことです。なかには、天井《てんじょう》に貼って覚える人もいます。あるいは、自分でテープに吹《ふ》き込んで覚える人もいます。そのように、やり方はいろいろありますが、「さまざまな感覚器官を総動員して覚える」というやり方が一つあるでしょう。

記《き》憶《おく》力を高める方法②――頭のなかに〝整理棚《だな》〟をつくる

大川隆法　また、訓練で記《き》憶《おく》力を上げる方法ももちろんあると思います。

ただ、人によって、長く覚えていられる人と、そのときだけ覚えて、次に何かを覚えたら忘れる人もいるので、そのニーズは見分けないといけません。ものすごい桁数《けたすう》の数字を覚えられる人がいる一方、次のものを入れると忘れる人もいるので、役に立たないかたちにもなりえます。

したがって、「どのくらい覚えておく必要があるのか」ということとも、関係があるのではないでしょうか。

なお、発明ではありませんが、私は、「頭というものを一つの整理棚《だな》のように考え、『引き出しがたくさんあって、どの引き出しに何を入れるか』と、意識的にイメージする」という努力をしていると、棲《す》み分けして入れられるようになると思います。

2013年8月29日に行われたインタビュー。驚異的な記憶力と智慧の結晶化の秘密が明かされている。(幸福の科学出版)

やはり、一カ所しかないポケットに入れようとすると、いろいろなものが入らなくなってくるので、引き出しをたくさんつくるようなイメージを持ちながら、入れていく場所を違《ちが》えるつもりでいると、入りやすいのではないでしょうか。

もちろん、語呂《ごろ》合わせで覚えたり、ストーリーを組み立てて覚えたり、あるいは、何かと関連づけて覚えたりするような「暗記法」が、世の中にはたくさんあります。ただ、私は、そうしたものには、それほど意味がないと思っているので、あまり乗らないし、深入りはしません。

むしろ、関係のないものをよけいに覚えなくてはいけない気もするので、どちらかというと、「どうかな」と思っているわけです。

薬よりは「記憶《きおく》を定着させる習慣」を

大川隆法　「一粒飲めば、記憶《きおく》力が増強する」という意味では、テレビのコマーシャルを見ていると、脳の活性化が進む薬というか、サプリメントのようなものの広告はよく出ていますが、いつの間にか消えていきます。それは、やはり、消費者が買わなくなるからでしょう。

最初は、「もしかしたら効くかもしれない」と思うものの、しばらくしたら、効果がないことが分かってきて、買う人がいなくなっていくわけです。

以前は、「魚の脂《あぶら》のなかに含《ふく》まれるDHAを飲めば、記憶力がよくなる」などと言って、やたら売り出していたと思いますが、いつの間にか、下火《したび》になっているような気もします。

物事は何でもそうですが、効果があるものでも、繰り返し使っていくと、だんだん効果がなくなってくることがあるので、「何にでも、いつまでも効き続けるもの」というのは、ないのかもしれません。

それよりも、できれば、規則的な生活をし、適度な運動をし、しっかりと睡眠を取ることで、記憶を定着させる習慣をつけたほうが早いような気がします。なかなか、「発明」のレベルまで、そう簡単には、いかないのかもしれません。

もし〝頭が活性化する薬〟をつくるとしたら

大川隆法　しかし、そうした気持ちは分かりますし、「飲めば、一発で目がシャキッとする」というものも、ある程度はありえるでしょう。ものすごい刺激物を入れれば、そういうことはあると思います。

ただ、一般的には、「頭には糖分が効く」と言われており、医学博士で、「朝起きて、砂糖水を一杯《いっぱい》飲むことで、頭は動き始める」と言う人もいます。「朝抜《ぬ》き」を勧《すす》める人もいますが、「朝、砂糖水を一杯飲むと、頭が働き始めて午前中が使える」という説もあるのです。

ちなみに、「朝ご飯は、食べても抜いても関係ない」「朝は食べても太らない」

と言う医者はいますが、私が十キログらい減量した経験からすると、朝ご飯を抜くと、てきめんに体重が落ち始め、痩《や》せてきます。朝ご飯抜きの二食にすると、やはり、一月に二キロずつぐらい、体重が落ちていくのです。

ただし、その場合は、午前中いっぱい能率が上がらないのは確かであり、お昼ご飯までの間《あいだ》が〝地獄《じごく》の苦しみ〟になるというか、ものすごく長く感じられます。その間《かん》は、「仕事が何も進んでいない」とか、「勉強が進んでいない」とかいうようなことがありました。

意外に、適度な栄養分を与《あた》えないと、頭は動かないのでしょう。その分、摂取《せっしゅ》カロリーは増すかもしれませんが、それはどこかで消費すればよいのであり、むしろ、「入れては消費する」という過程が大事なのではないかと思います。

したがって、「朝、一錠《いちじょう》飲んで、それで頭が活性化する」というものを考えるならば、「疲労《ひろう》した体を目覚めさせるような成分」と、「脳への適度な刺激を与える、糖分あるいはビタミン類を含んだもの」ということになりますが、このへんは、サプリメントのようなものが、すでに数多く出回っているのではないでしょうか。

また、現にあるものをさらに改善しようと思えば、おそらく、できないことはないと思います。

例えば、「アリナミン」などのビタミン剤《ざい》も、最初に売り出したころはたいへんよく効きましたが、やはり、摂《と》る回数が増えてくると、それほど効かなくなってくるようです。そのように、「慣れてくる」という〝効果〟があるので、かたちを変えては、違ったものを出していかないと、やはり駄目《だめ》なのでしょう。

5 「禿《は》げない発明」はありうるか

D――「若返り」に関してお伺《うかが》いしたいと思います。

先般《せんぱん》、私が通《かよ》っている美容院の美容師さんと、「男性は、なぜ禿《は》げるのだろう」という話をしました。

その人は、禿げることを防ぐために、いろいろな薬品や食生活、生活習慣等を研究したらしいのですが、結論としては、確定した理論はないらしく、いろいろな人がさまざまなことを試《ため》して、効果があったりなかったりというのを、今も繰《く》り返しているそうです。

こうした「若返り」は、男性にとっては禿《は》げないことであろうし、女性にとってはシワなどに当たるのかもしれませんが、ここにかなりのニーズがあると思うのです。

大川隆法　それは、ないわけではないでしょう。これから、高齢《こうれい》人口（六十五歳《さい》以上）が増えてきますから、高齢者にとっては、「若く見えると、再雇《こ》用《よう》が楽になる」という面はあるかもしれませんね。

D――　はい。そういうわけで、男性で言えば、「髪《かみ》が生えてくる」といった「若返り」の発明が、ありえるのかどうかを教えていただければと思います。

「男性ホルモン」の多い人は毛が抜《ぬ》けやすい

大川隆法　私は、髪《かみ》の毛が多すぎて困るほうで、長らく、一日に三回、頭を洗っていました。実を言うと、今でもそうなのですが、一回、頭を洗うと百本ぐらい毛が抜《ぬ》けるらしいので、一日に三回、頭を洗うと三百本抜けることになります。そのように、一日に三百本抜けるとすると、三十日間で九千本ですから、およそ一万本ぐらい抜けることになるでしょう。「頭には十万本ぐらいしか毛がない」という話もありますので、その場合、十カ月するとすべての毛が抜けるということになるのですが。

女性などには、頭を洗うのを先延ばしして、なるべく洗わないようにしている人もいると思いますが、男性であっても、同じ現象はあるはずです。

かくいう私にも、髪の毛が抜《ぬ》けていった時期があります。先ほど述べましたが、十キロぐらい減量をしたときに、前髪が抜け始めたことがあったのです。その意味で、やはり、髪の毛は、「つくる成分がないと、できない」ということが分かります。タンパク質とか、脂分《あぶらぶん》とか、そういったものが抜けすぎると、毛が抜けるらしいのです。

男性には、禿《はげ》で悩《なや》んでいる人も多いと思いますし、そのために、カツラをつけている人もいるでしょう。

私が昔、商社の独身寮《りょう》に住んでいたときに、四十歳を過ぎた独身の先輩《せんぱい》がおり、「どうして結婚《けっこん》しないのだろう」と思っていたのですが、日曜日に洗濯《せんたく》ルームを覗《のぞ》いたところ、カツラを洗濯していたのです（会場笑）。頭に毛がなく、洗濯機の中をカツラがグルグル回っているのを見て、原因がだいたい分かりました。その秘密を明かせなくて、結婚できなかったわけです。

しかし、男性ホルモンの多い人は、毛が抜けやすいところがあるので、禿げる人には、精力的な人も多いことは多いのです。

したがって、「禿だから駄目《だめ》」というわけではありません。若禿《わかはげ》というか、三十代から四十代あたりの比較《ひかく》的早いうちに毛が抜けて、頭がツルツルになってくる人には、ある意味で、男性ホルモンが強い人も多いようではあるので、それは、もう少しよいほうに使えればよいでしょう。

ただ、どうも、「白髪《しらが》より禿のほうが女性に人気がない」という意見はあるので、ここには、「意識革命」も要《い》るのかもしれません。

もちろん、みな〝出家《しゅっけ》〟してしまえば、それまでではあります。頭をツルツルに剃《そ》ってしまい、「これが、かっこいいのだ」というイメージを流行《はや》らせれば、それまででしょう。そうなると、毛などは生えてくる必要もなく、頭にワックスがけをしてしまえばよいのです。

いずれにしても、カツラや植毛など、現代には、いくらでも方法があります。お金はかかるでしょうが、そうした業界もあるので、対策がないわけではないのです。

ただ、カツラを隠《かく》していて、それを洗濯機にかけて回しているところを見つかったりすると、ショックではあるでしょう。

毛が抜《ぬ》けやすい男性は「タンパク質」と「脂肪質《しぼう》」の摂取《せっしゅ》を

大川隆法　なお、髪は、女性ホルモンが増えてくると生えやすくなるようですし、実際に、女性は、髪が多くなる気《け》がありますので、その意味では、（女性ホルモンをつくるのに必要とされる）タンパク質や脂肪《しぼう》分とも関係があるのかもしれません。したがって、毛が抜《ぬ》けやすい男性は、できれば、タンパク質と脂肪質を適度に摂《と》るようにしないといけないと思います。

ちなみに、私は、中学時代、ニキビがたくさん出て、頭がニキビだらけで大変でした。そのため、学校の規則では、中学三年間は坊主《ぼうず》頭で二枚刈りにするところ、二枚刈りを何とか三枚刈りに近づける工夫《くふう》を一生懸命《いっしょうけんめい》していたのです。とにかく、頭の脂が多いので、ニキビがたくさん出て、痕《あと》が残るのが恥《は》ずかしかったのですが、脂分の多いことが、今は、毛がなかなか減らない理由になっているようにも見えます。

例えば、クリスマスやバレンタインの日が近づいてくると、チョコレートがやたら届き始めるのですが、「チョコレートを一個か二個食べると、三時間後には頭にニキビができている」というぐらいの、ものすごい反応の速さなのです。三時間後には、富士山《ふじさん》のようになってもう外へ出ていますし、あとは、背中にもニキビができてきたりします。そのように、あっという間に排出《はいしゅつ》し始めて体から出てくるのですが、どうやら新陳代謝《しんちんたいしゃ》がかなり速いのかもしれません。

体の悩《なや》みは「趣味《しゅみ》の世界」に基《もと》づくもの

大川隆法　とにかく、人間には、いろいろ悩《なや》みがあるので、言い出せばきりがないのですが、要するに、「思い込《こ》み」なのです。体について、「どこが出っ張っていて、どこが引っ込んでいるのがよい」「どこがあって、どこがないのがよい」などということは、「趣味《しゅみ》の世界」ではありますので、もし禿げたら禿げたで、「その道を極《きわ》める」というのも一つでしょう。

植毛や育毛、カツラもありますし、開き直るという手もあるわけです。「禿が好きだ」という人と再婚してもよいと思いますし、あるいは、初婚でも構いません。「先入観で見てはいけない」と言って、向こうを〝催眠術《さいみんじゅつ》〟にかけていく工夫も大事なのではないでしょうか。

確かに、なぜ髪の毛が生えているのか、私も不思議でしかたありません。こういうものは、別になくてもよいような気がしますが、なぜ要るのでしょう。やはり、髪の毛がないと風邪《かぜ》をひくのでしょうか。

なければないで、それなりに慣れてくるのではないかと思いますし、その場合には、皮膚《ひふ》が厚くなったりすることもあるでしょう。

そのように、「要らないのではないか」と思うものが、体にはいろいろあるので、まことに不思議な感じがします。

その一方で、「あってもよい」と思うものもあります。

例えば、一つぐらいは後ろに目がついていると、便利でとてもよいのではないでしょうか。

後ろに向けて歩けるのも悪くないですし、これだけ車が多いと危ないので、後ろにも目がついているのは、とてもよいことだと思います。

また、聴力《ちょうりょく》にしても犬並みによければ、必要に応じて、もっと遠くの音まで、聴《き》くことができるかもしれません。

そのように、人体にもまだまだ〝改造〟の余地はあるわけです。

最後は、見た目ではなく「中身で勝負する」

大川隆法　いずれにしても、最後は中身で勝負していったほうがよいのではないでしょうか。

もし、スキンヘッドであったとしても、中身が違《ちが》えば、話も違ってくると思います。

例えば、女性は、禿が嫌《きら》いかもしれませんが、一億円を積まれたら、禿でもよくなる可能性はあるでしょう。

そうであれば、収入を上げるなり、技術を身につけるなり、人から尊敬されるような何かを持つことが大事だと思います。コンプレックスを逆手《さかて》に取って、努力する手はあるでしょう。

結局、太っている人は太っていることで悩み、痩《や》せている人は痩せていることで悩み、大きい人は大きすぎて悩んでいるわけです。

例えば、背が高すぎる人はいつも引力にいじめられて苦しんでいるのかもしれません。雨が降っても、「いちばん先に当たるのは嫌《いや》だ」と感じたり、天井《てんじょう》や入り口で頭をぶつけたりしているのです。

ちなみに、私なども、東北のほうの新幹線に乗ると、いつも立ち上がるときに頭をぶつけて、えらい目に遭《あ》ったりします。私は、それほど大きいほうではないのに、頭をぶつけるというのは、どう見ても、構造が悪いでしょう。「身長が百八十センチを超《こ》えれば当たる」というのならともかく、普通《ふつう》の寸法で当たるのでは、たまったものではありません。これは、明らかにつくり方が悪いのです。

悩《なや》みがあっても、それに代わるものを持つ

大川隆法　そのように、悩《なや》みはいろいろありますが、できれば、ほかのところで

生き筋を探すのがよいのではないでしょうか。

「眼鏡《めがね》をかけると知的に見える」という説があって、私は、昔から「かけたいな」と思うのですが、目が悪くならないので、しかたがありません。「目を悪くしてやろう」と思って、目茶苦茶《めちゃくちゃ》、本を読んでも、全然悪くならないので、これについては、もう諦《あきら》めています。

これは、本を〝読んでいない〟証拠《しょうこ》でしょう。私はおそらく本を読んでいるのではなくて、〝見ている〟のです。〝見て眺《なが》めている〟だけなので、目が悪くならないわけです。

本を読んでいる人、活字を読んでいる人は、目が悪くなるのだと思いますが、私は、活字を読むのではなく、カメラのようにジッと見ているので目が悪くならないのかもしれません。

要するに、〝形状識別《けいじょうしきべつ》〟してしまうのです。ある程度の面積に書いてあるものを見ると、何となく意味が分かり、一字一字、文法的に分析《ぶんせき》しなくても、ザッと見て読み取ってしまうところがあります。そのため、おそらく、目が悪くならないのでしょう。

乱視にもならないし、斜視《しゃし》にもなりません。「電車のなかで本を読むと、乱視になったり、斜視になったりする」と、ずいぶん脅《おど》されたのですが、全然ならなかったので、本当に不思議です。

ともかく、禿《はげ》の悩みはけっこうあるとは思いますが、「育毛」「植毛」「カツラ」という手段で対抗《たいこう》することもできますし、それが嫌であれば、開き直るか、「禿げていても、こういう条件があればよい」というような、それに代わるものを何か持つとよいでしょう。

例えば、東大理学部の教授の頭が禿げていても、別に構わないわけです。

そういう意味では、やはり、中身の勝負もあるのではないでしょうか。

6　人間がそのまま空を飛べる機械はできるか

E——「ドラゴンボール」というマンガがありますが、そのマンガでは、主人公が、「筋斗雲《きんとうん》よーっ!!」と呼ぶと、〝筋斗雲〟という雲がやってきて、それに乗ってピューッと飛んでいったりしていました。

また、「ハリー・ポッター」などでも、〝空飛ぶ箒《ほうき》〟が出てきますし、スーパーマンも空を飛びます。

そのように、「手軽に空を飛びたい」というのは、やはり、人間の基本的な欲求の一つではないかと思いますが、こうした発明というのは、何か可能でしょうか。

人間が空を飛ぶことは「よいこと」なのか

大川隆法　もともと、人間は霊体《れいたい》のときに空を飛んでいるので、意識的に感じることなのかもしれません。例えば、夢のなかでも、空を飛んでいることが多いのではないでしょうか。

私も、小学校時代には、よく空を飛ぶ夢を見ていました。「小学校から家へ帰ってくるまでの間に空を飛んでいるが、だんだん高度が下がってきて、下からつかまえられそうになり、ヒイヒイ言いながら、ヨタヨタと飛んでいる」という夢をよく見て、困っていたことがあるのです。人間には、そういう記憶《きおく》もあるのでしょう。

なお、個人が空を飛ぶのは技術的になかなか難しいのですが、集団で空を飛ぶ技術自体は、もうすでにできているので、これについては、今の機械文明の延長上に、より快適で、より速いものができるでしょう。

ただ、個人で空を飛んだ例も確かにあって、以前（一九八四年）、ロサンゼルスオリンピックの開会式では、背中に担《かつ》いだ機械からガスを噴射《ふんしゃ》して、オリンピック会場の空を飛びました。

しかし、人間にとって、アイアンマンのように空を飛べることが本当に幸福かどうかは、分からない面もあるでしょう。実際に、飛んでいる人は、けっこう厳しいのではないかという感じはします。

1984年開催のロサンゼルスオリンピックにて。開会式では、個人用ジェット推進飛行装置・ロケットベルトを使った飛行が行われ、一般に、ロケットマンと呼ばれた。

ゆっくりと飛ぶのは気持ちいいかもしれませんが、途中《とちゅう》で落ちたり、何かにぶつかったり、あるいは、高く上がりすぎて凍《こお》りついたり、いろいろなことがあると苦労もするでしょうし、風圧もきついはずです。

おそらく、何らかのかたちで、いわゆる「リニアモーターカーなどの原理」がほかに応用できるようになってくれば、宙に浮《う》いて移動する装置ぐらいは、つくれる可能性があるでしょうが、「人間が空を飛ぶことは、本当によいことなのか」

磁石の吸引力と反発力とを、そのまま推進力とするリニアモーターを使った電車。山梨県の新リニア実験線では、超電導を用いた磁気浮上式リニアモーターカーがテストされている。

という問題は、別途あるとは思います。

なぜなら、「人間が一人で空を飛んで、何をするのか」という面があるからです。空を飛んでいて、カラスに突《つつ》かれるとか、隣《となり》の家の二階の窓から覗《のぞ》いているところを通報されるとか、何か、ろくでもないことがあるかもしれません。

とにかく、〝空飛ぶ絨毯《じゅうたん》〟のようなものの変化型は、「反重力装置」を考えることによって、何らかのかたちでできるような気はします。いちばん簡単なものとして、「反発するものが地上にあって、そのコースの上であれば浮く」というものは、ありえるでしょう。

ただ、人体の安全を考えると、基本的に、乗り物のほうに変わってくる可能性のほうが高いという感じがします。「空を飛びたい」という気持ちは、分かることは分かるのですが、霊体になると、一通り、みな経験することでもあるので、それほど必要ではないかもしれません。

霊能力《れいのうりょく》によって「守護霊《しゅごれい》を飛ばすこと」は可能

大川隆法　なお、霊能力《れいのうりょく》を開発することによって、千里眼《せんりがん》のように、肉体はここにありながら、別のところを見たり聞いたりできる可能性はあります。

ただ、これは、プルーフ（証明）のところがなかなか難しいとは思いますし、そうしたことを人に話すと、「覗きに来る」などと言われて嫌《いや》がられますから、やはり言えないでしょう。

もし、霊能力を持っていたら、守護霊《しゅごれい》が、さまざまなところへ行っては、口出ししたり、見てきたりしていることが分かるはずではありますが、生きている人間のほうには、それが緻密《ちみつ》に伝わらないようになっているのです。

それは、生きている人間のほうが、守護霊と同通して、完全に信じることができないからです。「嘘《うそ》か本当かが分からないので、信じられない」ということでしょう。

いずれにせよ、守護霊を〝飛ばす〟ことで、例えば、「自分がいる部屋の裏側の人が、どのような格好をしているか」などを見ることは可能です。

ただし、それが、どれほどの付加価値を生むかは、使途《しと》にもよりますし、不確定性は残るので、難しいところはあります。

地球の引力をコントロールし、空中を移動する

大川隆法　結局、空を飛べると、何がよいのでしょうか。

例えば、自由に飛べても危険性がない状態までつくれれば、いろいろな可能性があります。宇宙などでは、宇宙遊泳《ゆうえい》のかたちで、いろいろなことができるでしょうし、そうした、周りに障害物や妨害物《ぼうがい》があまりない状態であれば、飛ぶのは楽かもしれません。

しかし、周りに人が大勢住んでいて、さまざまな生活を営んでおり、いろいろなものが飛び交《か》っていたり、邪魔《じゃま》がたくさんあったりするところでは、それなりに難しいところがあると思います。

ただ、宇宙人のなかには、〝重力制御《せいぎょ》ベルト〟のようなものを持っている者もいて、ベルトを操作し、自分たちを宙に浮かしたり、動かしたりできるようではあります。

これについては、おそらく、「地球の引力や地磁気をどのようにコントロールするか」という研究が要《い》るとは思いますが、基本的には、磁石の反発原理のようなものを何らかのかたちでつくり出すことが、大事になるのではないでしょうか。

2011年８月４日に収録された第１章では、反重力を用いたＵＦＯの浮揚技術等について触れられている。
（幸福の科学出版）

7 「ペットと会話ができる道具」は可能か

F―― 豊かな社会では、ペットを飼う家庭が多くなってくると思います。飼い主には、「愛するペットとしゃべりたい」という願望があると思うのですが、未来には、ペットと会話する道具はできるのでしょうか。

ペットと「具体的な会話」ができる人もいる

大川隆法 あれ？ ペットとは会話できないのですか（会場笑）。

F―― 具体的な会話となると、やはり「難しいかな」と思うのですが。

大川隆法　ああ、そうですか。私は、具体的に会話ができるのですが、できないのですね（会場笑）。それは驚《おどろ》きました。

しかし、会話するとうるさいですよ。もう、とにかく、うるさくてしかたがありません。

もちろん、知能の差によって、少し内容は違《ちが》うものの、会話はできますし、ものによっては人間以上によくしゃべるペットもいるのです。「キャンキャン」や「ワンワン」としか聞こえないために助かっているわけで、あれが、全部、人間の言葉に聞こえたら、本当にうるさくてしかたがないでしょう。

例えば、わが家《や》ではウサギを飼っています。やはり、ウサギの知能にも、少し差はあるのですが、ウサギによっては、雄弁《ゆうべん》に、易者《えきしゃ》のごとく、いろいろしゃべってくるウサギもいますし、バカなことしか言わないウサギもいます。また、

「分かんなーい」としか言わないようなウサギもいて、いろいろではあります。

また、私は、基本的に、ペットと会話ができますし、ペットではなく、池の鯉《こい》であっても会話は可能です。大したことはありませんが、「ご機嫌《きげん》いかが」と訊《き》けば、「いやあ、まあ、なかなかいい天気ですね」というぐらいの返事は返ってきます。あるいは、「お腹《なか》が空《す》いている」とか、「空いていない」とか、「ああ、ご主人様、久しぶりです」とか、そのくらいのことは言います。

したがって、会話は成立しますが、レベル的にはそれくらいのものです。

ただ、ときどき、優《すぐ》れもののペットがいて、そのなかには、かつて人間の経験があるものがいるのです。要するに、人間の経験があって動物に生まれているものがたまにいることはいて、それは何か修行《しゅぎょう》があってやっているのだろうと思いますが、こういうものはよくしゃべります。

うちで飼っているウサギのなかには、〝涅槃《ねはん》ウサギ〟といって、釈尊《しゃくそん》の涅槃の絵に描かれているウサギがいます。「釈尊の涅槃に立ち会った」というウサギです。また、「大国主命《おおくにぬしのみこと》が地上にいたときに因幡《いなば》の白ウサギだった」というものもいます。この二匹《ひき》は、かなりの高度な思考力を持っていて、いろいろとうるさく、まるで〝人事部長〟のような意見を言います。千里眼《せんりがん》を持っているようなところも少しあって、いろいろなことを言うのです。

　彼らも修行をしているのでしょうが、人間の身近に来ることによって、観察し、考え事を

日本神話（『古事記』）に出てくる因幡の白ウサギ。ワニザメをだましたために、仕返しされ、毛を剝がされて泣き憂いていたところを、大国主命に助けられた。

しているものもいるわけです。

「ペットと会話ができる機械」の可能性

大川隆法　機械でペットと会話ができるかどうかですが、〝犬語〟を数百種類ぐらいの言葉として翻訳《ほんやく》できる機械を発明した人はいたように思います。

ある程度、外国語の翻訳ができる機械がつくれるのなら、動物の発声から、その感情を分析《ぶんせき》すればよいのでしょう。それが本当に合っているかどうかは、相手に確認ができないので分からないものの、いちおう翻訳機械はすでにあることはあります。したがって、必要である場合、そのように研究すれば、できるのかもしれません。

ただ、霊能力《れいのうりょく》が高度になってくると、動物との会話が可能になります。

仏教の経典《きょうてん》にも、お釈迦《しゃか》様が動物たちと会話していたことが載《の》っていますので、気持ちは全部、通じて分かってくるのです。

実を言うと、動物だけではなく、植物とも会話はできます。植物によっては、一定の意識を持っているものもあり、例えば、樹齢《じゅれい》の長い老木《ろうぼく》や、あるいは花でも精霊《せいれい》が宿っているような花になると、会話が可能になってくるのです。

なお、機械でそれができるようになるかどうかについてです

人間ばかりではなく、あらゆる動物ともコミュニケーションができた釈尊。その涅槃には、多くの動物たちが集まり、号泣した。左下に小さく２匹のウサギが見える（丸囲み部分）。

が、もしそれができるのなら、おそらく、霊界《れいかい》にいる霊の話をこの世に伝えることができる〝霊界通信機械〟のようなものもできることになるでしょう。可能性がないとは言えません。

例えば、音楽や歌が、カセットテープやCDなどの金属製の部分に録音されて再現できるようになることは、以前であれば考えられませんでしたが、今はできるようになっています。

そのように、ごく微細《びさい》な意思を感知する機械をつくり、レコード盤《ばん》の針を動かすように、ちょっとした念動《ねんどう》を感知して記号化し、人間の言葉等に翻訳できるものを研究すれば、可能性としてはあるのではないでしょうか。

2013年３月７日に収録されたトーマス・エジソンの霊言。生前、「霊界通信機」の発明に取り組んでいた。
（幸福の科学出版）

「コックリさん」にみる〝原理〟については研究の余地がある

大川隆法　もちろん、霊的《れいてき》なものを、この世に物理的な力としてまともに表せるようであると、この世の生活は完全に混乱に陥《おちい》るので、一般《いっぱん》には許されてはいません。ただし、「ポルターガイスト現象」のように、いろいろな音を出したり、ものを動かしたりするようなことが、チラッとできるぐらいのところまでは行くことがありますので、それを何らかのかたちで合理的に研究することは可能だと思うのです。

日本で言えば「コックリさん」とか、外国では、「テーブル・ターニング」とか、「特殊《とくしゅ》な文字盤に表したりするよう

第５章「チャネリングの秘密」では、コックリ現象の解明などにも触れている。
（幸福の科学出版）

なもの」（ウィジャボード）とか、いろいろありますが、普通《ふつう》、「インチキだ」と思われていますので、それを「インチキだ」と思われないような、もう一段、「精妙《せいみょう》な装置」をつくることができれば、可能性はあるでしょう。

例えば、「コックリさん」では、十円玉に三人ぐらいで指を触《ふ》れていると、文字盤の上を動いていきますが、「指を離《はな》してはいけない」ということになっています。なぜなら、全員が離していると、そこですぐ止まってしまうからです。そのため、「誰《だれ》かが動かしているのだろう」と思われる余地はあるのかもしれませんが、実際は、触《さわ》っていなくても動いている場合はあるのです。

このへんの「原理」については、研究の余地があるのではないでしょうか。

私は、高校時代に、その「原理」が十分に分からず、「力を入れれば入れるほど、そういう能力が出る」と間違えたまま実験したことがあります。

そのときは、十円玉ではなく、割り箸《ばし》を使いました。割り箸を三本立ててゴムで縛《しば》り、一本だけ少し長くしておいて、それにもう一人の人と一緒《いっしょ》に指を差し込《こ》んで宙に浮《う》かせます。そして、「あいうえお」とか、「ABC」とか、「○×」とかを書いた文字盤の上にかざして「コックリさん」と同じように呼ぶと、箸がだんだん上下に震動《しんどう》し始めて、言葉を順番に指していくのです。

しかし、このときには、やや勉強が足りず、割り箸を二人で力いっぱい握《にぎ》っていたために動かなくて失敗し、「あれ？　やっぱりうまくいかないな」などと言っていました。

本当は、そういうものではなく、リニアのように、少しフワッと浮くような感じで動くので、軽くやったほうがよいのです。

いずれにしても、そうしたものは、嘘《うそ》なのでしょうか。本当なのでしょうか。

同じく高校時代に、女子生徒が休み時間に「コックリさん」をやっていて、私がたまたま覗《のぞ》いたことがありました。「何をやっているの？」と尋《たず》ねると、「『コックリさん』をやっているの。好きな人を当てたりできるのよ」と言うので、「本当かなあ。では、当ててもらおうか」と言って、やってもらったところ、ある特定の文字のところで動きが止まり、「どうも、この字が出るんだけど」と言われたのです。

それは、当たっていたのですが、私としては認めることができず、「いや、おかしいな、そんなはずはない。それじゃない」と言っていたものの、何回やっても、その人の頭《かしら》文字が出てはいました。このへんの原理については、もう一段、研究する余地があるのではないかと思います。

なお、「コックリさん」のなかには、動物霊もいれば、いわゆる地獄《じごく》霊もいます。また、ご先祖様が来る場合もあります。あるいは、たまに、使命があって、守護霊《しゅごれい》や指導霊が来る場合もあるので、本当はいろいろなものが入っているのです。その意味で、無前提に行うのは、少し危険性があるかもしれません。

例えば、ときどき、悪いものがかかってくると、「死ね！」などという言葉が出てき始めるため、学校中が大騒《おおさわ》ぎになって恐怖《きょうふ》が広がり、学校から禁止されたりするようなケースも出たりはしているようです。

したがって、そういうものについては、ある程度、抵抗《ていこう》力のある人がいないと、危険性はあるでしょう。

ただ、神秘現象としては、比較《ひかく》的身近に感じられるものではあるので、研究の余地はあるのではないでしょうか。

8 「捜《さが》し物を見つけてくれる機械」は必要か

F――　「失《な》くし物をよくしてしまう人」がいると思います。そうした人が、あまり時間をかけて捜《さが》さなくても、その捜し物がパッと出てくるとか、すぐ察知できるとか、そういった、「捜し物を見つけてくれる機械」などは、未来にできるのでしょうか。

ニーズがあるか疑問のある「失《う》せ物を捜《さが》す機械」

大川隆法　やはり、それは、もう一回買ったほうが早いのではないでしょうかね（会場笑）。

その機械を開発して捜《さが》し物を見つけるほうが、高いような気がしてしかたありません。

たいてい、〝失《な》くしてもいい物〟というのは、そう大したことのないものが多いですし、JRでも、傘《かさ》などは、「年間で数十万本ぐらい置き忘れがある」ということですから、忘れ物をするのは、別に人格的欠陥《けっかん》ではなくて、世間《せけん》ではよくあることでしょう。したがって、傘やその類《たぐい》の物であるならば、機械を発明するよりは、買ったほうが早いのではないかと思います。

もちろん、記念の指輪などの貴重品を失くしたようなときには、捜すのに必死になることもあるのでしょうが、こういう場合は、「盗《ぬす》まれた」ということが多いので、取り返すのはかなり困難だと思います。もし、在《あ》り処《か》が分かったとしても、盗まれた物については、なかなか取り返せません。

ちなみに、失《う》せ物については、いわゆる巷《ちまた》の霊能者《れいのうしゃ》等で、それを捜すことが得意な人もいることはいますが、あまり高級な霊が指導をしているケースは稀《まれ》であり、この世に非常に精通したような霊が指導していることが多いと思います。ちなみに、そのあたりでミニ教団はできるので、失せ物を見つける程度で、何十人かの教団ぐらいまではつくれるものの、それだけでは大きくはなりません。

いずれにせよ、物をよく失くす人は、基本的に、スペアをたくさん用意しておくのがよろしいいし（会場笑）、あまり高いものは持たないほうがよいでしょう。指輪を買っても、外出するときには置いていく人だっているわけですから、そのように用心するか、自分なりに訓練をするほうがよいと思います。

やはり、「失せ物を捜す機械」そのものが、それほど普遍《ふへん》化するかどうかについては、やや疑問です。高価な物は盗まれていることが多いし、安い物であれば買い替《か》えたほうが早いでしょう。また、高価な物でも、「ドブに落とした」「川に落とした」というのであれば、捜すのがそれなりに大変であろうと思うのです。

透視《とうし》自体は可能でしょうが、現実問題として、取り返すのはそれほど簡単ではないかもしれません。

例えば、山手線《やまのて》に傘を忘れた場合、電車がグルグル回っているとなると、仮に透視によって見つかったとしても、実際に傘を捜すのは大変なはずです。

ただ、そのようなこと（失せ物を霊能力で捜す）は、初期の宗教で起こしやすい現象であるかとは思います。

失《う》せ物を見つける「意外な方法」と「現実的な対策」

大川隆法　あなたは、そんなに頻繁《ひんぱん》に忘れるのですか。

F――　いえ、たまにです。

大川隆法　スカートを履《は》かずに出てしまうとか（会場笑）、そんなことはないですか。

Ｆ――　それは大丈夫《だいじょうぶ》です（会場笑）。

大川隆法　やはり、人間は、神経も〝鍛《きた》え〟なければいけないと思います。確かに、「物を失くす」というのは、豊かであることの証明ではあるでしょう。失くす物がない人も、世の中にはいるので、ある程度、諦《あきら》めも肝心《かんじん》かとは思います。愛着のある物もあるでしょうが、あとで出てくることもありえるのです。

自分の守護霊《しゅごれい》等に、失せ物が出てくることを祈願《きがん》しておきますと、場合によっては見つかることがあるかもしれません。ポイッと忘れていることや、記憶《きおく》が途《と》切《ぎ》れていることなど、そういうことがあっても、「ああ、あそこだ！」というひらめきが出てくることもあります。

ただ、イメージ的にあまり〝高級感〟がないので、「本道《ほんどう》」ではないでしょう。いずれにせよ、機械でそれが捜せるかどうかは分からないところです。

最初から、GPS（全地球測位システム）のようなものを埋め込《うこ》んでおけば、捜せるとは思いますから、失くしたら困る物には、そのような発信器をつけておけば、「位置の確認」はできるでしょう。

ただ、それほどの物を持って歩かなければいけないということにも、若干《じゃっかん》、問題があるのではないでしょうか。

銀行も、銀行強盗《ごうとう》に狙《ねら》われているのが分かれば、それに対応しようとして、きちんとお札に何かの工夫《くふう》をしていることはあります。つまり、使われたら分かるようなお札を入れておくようなところがあるわけです。

ともかく、失せ物の種類がよく分からないのですが、何か困るような高級品をよく失くすのですか。

F――　いえ。最近、自転車の鍵《かぎ》を失くしてしまったことがありまして……。

大川隆法　あっ、自転車の鍵？

F――　でも、思いがけないところから出てきました。

大川隆法　ああ、出てきたのなら、いいじゃないですか。

F――　はい。大丈夫です（会場笑）。

大川隆法　自転車は、鍵を失くさなくても盗《と》られるのが普通です。自転車で、通学したり通勤したりしていると、だいたい二回ぐらいは盗られるのが、今は普通のようですから、そんなものなのでしょう。最初から、失くなる物だと思って、その部分の積み立てをしておいたほうがよいかもしれません。

自転車は、やはり盗られやすいのです。放置自転車は、もちろんのこと、放置していなくても盗られます。その意味で、盗りやすいものではあるのでしょう。

さらに、車であっても盗られることはあります。ボケッとした人がいて、鍵をつけたままでいる車もあるそうですし、鍵をつけていなくても、ガラスを割ってなかに入り、盗ってしまう人もいますから、そういうケースを見ると、きりがないかもしれません。

あなたの自転車はそれほど高いものなのかどうかはよく分かりませんが、失くしたら、あとは自分の足で走るか歩くかされても、よろしいかもしれませんね。

9 「発育を早くする方法」はあるか

A―― 幸福の科学の信者には、現在、野菜工場を経営されている方がいますが、これは、大川総裁から、その発想を頂いたものです(注。二十五年ほど前に出版した『新ビジネス革命』〔土屋書店刊・現在は絶版〕のなかで、「畑ではなく、工場のなかで野菜をつくる時代になる」という未来社会の予言をした)。

そこで質問ですが、「室内で野菜をつくる」という発想のさらに先にあるものとして、栄養価を高めるだけではなく、「十倍ぐらいの速さで野菜をつくる方法」「植物を早く成長させる方法」は発明されるでしょうか。

また、例えば、牛や豚《ぶた》、鶏《にわとり》など、「動物の発育を早くする方法」があるのでしょうか。

大川隆法 「ドラえもん」の〝成長光線〟のようなものですか。

A―― はい。

「野菜工場」における今後の課題とは

大川隆法 少なくとも、野菜工場に関しては、例えば、人工照明等を使って、普《ふ》段《だん》の倍ぐらいの速さで伸《の》ばすことはできますので、発育を早くすること自体は可能でしょう。

また、栄養の摂取《せっしゅ》を速《すみ》やかにすることによって、成長を早くすることも可能だと思いますし、それらは、すでに現実に起きていることではないかと思います。

むしろ、問題は品質などでしょう。「製品としての品質がよいかどうか。早くできたものがよいのか。あるいは、自然界で、天日《てんぴ》を浴びて大きくなったもののほうがよいのか」という問題が最後には残るかもしれません。

「蛍光灯《けいこうとう》の光を浴びて育ったものと、太陽の光を浴びて育ったものと、品質に差が出てくるかどうか」というところなどは、まだ十分な吟味《ぎんみ》ができていないのではないでしょうか。

例えば、南極観測隊にとって、「野菜

野菜をつくる植物工場の様子。人工光や空調などで環境をコントロールし、計画的に野菜を生産している。安全性が高く、スピーディーな安定供給が可能なことなどがその特徴である。

が建物のなかでできる」というのは、とにかくありがたい話でしょうが、近郊《きんこう》野菜が幾《いく》らでも穫《と》れる都市部であれば、やはり、品質の問題は出てくるでしょう。

人間が二十年かけて大人になる理由

大川隆法　また、「成長が早ければよいかどうか」については、何とも言えません。例えば、人間も、「一日で大人になればよいか」と言われたら、分からないところがあります。

最近、アニメ映画「かぐや姫《ひめ》の物語」が公開されましたが、かぐや姫の成長は早く、あっという間にトントントンと大きくなるものの、それがよいかどうかは分かりません。子供が早く大きくなってくれれば、職業婦人は楽になるため、それは間違《まちが》いなく親孝行です。母親が仕事をしながら子育てをする場合、「かぐや姫型」で、ポンポンポンと大きくなってくれれば、言うことはないでしょう。実は、動物のほうはそうなっていて、生まれて数時間で歩けるようになっているものが多いわけです。

ただ、「子育てに時間がかかりすぎる」というのは、人間の弱点だとは思うのですが、おそらく、それが、「人間としての絆《きずな》」の部分になっている面もあるのだと思います。

要するに、「長い時間をかけて育てた」という部分が影響《えいきょう》しているわけで、子育てがそれだけ複雑で、手のかかるようにできている分だけ、人間は、高度な精神生活を、一生をかけて送ることになっているのでしょう。

一方、育てる側のほうからだけではなく、育てられる側のほうから見れば、子育てに時間がかかった分、「親がどのようなかたちで手をかけてきたか」ということを、ずっと観察しているため、それが、「次の自分の肥《こ》やし」や「自分の子育ての智慧《ちえ》」になる面もあります。そのため、早い遅《おそ》いについては、単純によいかどうかは分かりません。

卵のように、「産んだら、勝手に生まれて大きくなる」というのならば楽ですし、社会は今、方向的には、そちらのほうに向かっているようにも見えます。

また、共産主義は、基本的に、「子供は家庭で育てるのではなく、工場のような感じで、みんなで育てればよい」という考え方ではありますが、「そのときに、いったい何が起きるか」については、もうひとつ分かりかねる部分があります。

個人で子育てをすることは、悪く言えば、名誉《めいよ》欲や、自分の利得の欲になるのかもしれません。ただ、よく言えば、本当に手をかけて、〝珠《たま》〟のように大事に育てようとしているところもあるでしょう。

やはり、一律に同じような育てられ方をした鶏などと比べれば、違ったものが出てくるし、特殊《とくしゅ》な教育をすれば、それなりのものが出てくるわけです。

例えば、イチロー選手の場合でも、野球熱心な父親が、バッティングセンターに連れていって、ずっと練習をさせ続けなかったら、あのようにはならなかったでしょう。みなと同じ扱《あつか》いだったならば、そうはならなかった面もあると思うのです。

才能の開花に関しては、親との巡《めぐ》り合わせという面が大きいですし、職業形成についても、親の仕事の影響は、いろいろなところで出ています。おそらく、そういう意味があって、成長に時間がかかっているのではないでしょうか。

もちろん、親子の葛藤《かっとう》等のマイナス面もありますが、プラス面も考えた上で、「その成長速度がよいのかどうか」を考えなければいけません。

「早く成長させてよいもの・悪いもの」を判断する基準とは

大川隆法　先ほど述べた、スタジオジブリの映画「かぐや姫の物語」では、竹藪《たけやぶ》のなかに、光っている竹があり、突如《とつじょ》、掌《てのひら》に納まるぐらいの小さな姫が出てきます。これには、「お腹《なか》を痛めて苦しんで産む」という過程はまったくなく、母親から生まれたわけではありません。

おじいさんが手に入れた小さな姫は、見る見る大きくなっていき、あっという間に立派な娘《むすめ》に育ちます。

おじいさんたちは、この娘に、何か付加価値を付けて、〝高く売ろう〟と考えました。要するに、竹からまた黄金などがザクザクと出てきたため、この金《かね》の力でもって人を雇《やと》い、都《みやこ》に屋敷《やしき》を建てて、娘をお姫様に仕立て上げ、大臣など、身分のある方に求婚《きゅうこん》させるのです。

そして、ついには帝《みかど》にまで近づけて取り入り、「偉《えら》くなろう」という夢を叶《かな》えようとしますが、最後は、月の世界から迎《むか》えが来て、姫は連れていかれるという話になっています。

いずれにしても、おじいさんたちは、自分が努力して得たものではない部分を、見せかけで、バブルで膨《ふく》らませ、値打ちものにしました。つまり、竹から生まれた娘をお姫様にして、よいところに嫁《よめ》にやり、身分や位《くらい》をもらって偉くなろうとしたわけです。

そうすることが、一見、姫にとっての親孝行のようにも見えるのですが、最後は、なぜか、お釈迦《しゃか》様らしき者が出てきて、姫を連れていくというような場面になっていました。それは、「淡《あわ》い夢にしかすぎない」ということを語っているのでしょう。

かぐや姫が月に帰っていく場面。『かぐや姫の物語』は、『竹取物語』等とも呼ばれ、平安時代の初期までに成立した日本最古の物語と伝えられる。

したがって、〝成長光線〟風《ふう》に、早く育てること自体は悪くはないけれども、それは、食糧《しょくりょう》として育てるものに対してです。例えば、飢餓《きが》を抑《おさ》えるために食べられるものの成長を促進《そくしん》させるとかなら、よいのかもしれませんが、命を持って、知的に成長しようとするものにとって、それが必ずしもよいかどうかについては、分かりかねるものがあるという気がします。

さらに、都会の親は、たいてい、胎教《たいきょう》などの早期教育をできるだけ早く始め、人より一年でも二年でも早く、いろいろなものをマスターさせ、「いかに秀才《しゅうさい》であるか」ということを見せて、〝入り口〟を有利にし、早く出世させたいと考えているけれども、結局、みんながみんな成功しているわけではないのが現実です。

あるいは、親がついているときはうまくいっても、親がついていられなくなる年代、つまり、大学へ入ってからや社会人になってからは、駄目《だめ》ぶりが出てきたりすることもあります。

やはり、長い目で見たら、最初は親がかりではあるけれども、だんだん自分のほうに重点が移ってくるという流れなのでしょう。

「成長の度合いを、どのくらいの速度にするか」ということには、いちおう、生物によって計画的なものがあるとは思いますが、人間が、二十年かかって大人になる必要がなくなったのならば、それなりに、早く成長することもあるのかもしれません。

ただ、大人になる時期が早い動物の場合は、どちらかと言うと、寿命《じゅみょう》も短いことが多いようにも思うので、一生の間で学習できる内容が、それほどないのではないでしょうか。

今のように、人生八十年、九十年の時代の場合、ある程度、「教育期間」があるということは、そう悪いことではないし、さらに、「再教育の期間」が必要な時代に入っているようにも思います。

繰《く》り返しになりますが、野菜や食糧になるような生き物の成長を促進させることは考えてもよいかもしれませんけれども、「人間の成長」ということになると、少し厳しいのかなという感じを、私は受けます。

A―― ありがとうございました。

10　「霊力《れいりょく》を測る」機械はできるか

G――　これから、健康マーケットが広がっていくと思うのですが、病気になる前の健康管理について霊的《れいてき》観点から考えると、「霊力《れいりょく》が、今の自分の体にどれだけあるのか。摂取《せっしゅ》する食べ物に、どれだけあるのか」を、電流計のように測れたら、「今の自分には、このくらい霊力があるから健康だな」というように、健康管理ができるようになると思います。

そういうものは発明されるのでしょうか。

自分の「霊力《れいりょく》」を知るための方法とは

大川隆法　まあ、「健康診断《しんだん》」がありますから、それをマメに受ければ、体に何かの病気が進んでいる場合、異常性がチェックできることはできるでしょう。たまにしか健康診断に行かない人は、「異常性が見つかったときには、手遅《ておく》れになっていた」ということがあるかもしれませんが、血液検査など、一定の健康診断で、ある程度、早期に病気を発見できる可能性があるとは思います。

また、「霊力《れいりょく》を測る機械ができるかどうか」ですが、自分の体調で、ある程度、分かるのではないでしょうか。

「霊力が落ちているか。落ちていないか」については、もちろん、「睡眠《すいみん》」や「栄養」「疲《つか》れのたまり具合」「悩《なや》みが多い環境《かんきょう》かどうか」など、いろいろな観点がありますので、それによって、自分の〝へばり具合〟は分かると思います。

霊力《れいりょく》を上げる食べ物とその注意点

大川隆法　さらに、ある程度、この世的なものではあるけれども、栄養ドリンク剤《ざい》から始まって、いろいろなサプリメント、あるいは、この世的に「霊力《れいりょく》がある」と言われているようなものもあります。

例えば、「ドラキュラに効くニンニク」と言われるように、ニンニクやニラ、レバー、それから、朝鮮人参《ちょうせんにんじん》などには、ある程度、霊力があり、体に取り入れると〝光〟が入る感じがします。

また、漢方などには、鹿茸《ろくじょう》、つまり、鹿《しか》の角《つの》を粉にしたものをはじめ、けっこういろいろなものがあります。

私の場合、最近は使っていませんが、若いころ、大講演会を行うときなどには、少し、生々《なまなま》しいものの（笑）、オットセイの睾丸《こうがん》を粉にして練ってつくった練薬《ねりぐすり》のようなものを、多少、使ったことがありました。

それを舐《な》めると、確かに、パーッと力がみなぎるような、精力が体にみなぎってくるような感じがあるので、大講演会などを行うときには、霊力をつけるために、そのようなものを用いた経験もあるのですが、苦いし、あまり美味《おい》しくないので、そんなにお勧《すす》めはできません。

なお、どれも慣れてくると、効き目が少しずつ少しずつ落ちてくるところがありますが、この世的に「元気が出る」と言われるようなものには、いちおう、霊力をつける力があるのです。

それから、客観的に見て、霊力が落ちてくると、

ニンニクや朝鮮人参等、霊的エネルギーを持つ食べ物は、消化吸収をまたず、飲んだだけで力が出てくるとされる（『神秘の法』参照）。

悪霊《あくれい》に入られるようになってくることがあります。

例えば、霊言《れいげん》などであれば、通常、二時間ぐらいが限度であり、それ以上やりますと、霊力が落ちてきて、悪霊などに入られやすくなりますから、そういうときには、エネルギーの補給などが必要でしょう。また、血圧や血糖値が上がることは、医学的には悪いことなのかもしれませんが、体が温かくなるような状況《じょうきょう》をつくると、悪霊が取れやすい状態にはなります。

悪霊が来ると、体が冷えて、寒気《さむけ》がしてきますし、周りの温度も下がってくるような状態になってきますので、そういう意味で、精力をつけるようなものには、効き目があるわけです。

ただ、精力がつくものを食べすぎると、〝後始末《あとしまつ》〟がいろいろ発生します。

例えば、「臭《にお》い」などです。ギョーザばかり食べたり、あるいは、ニラレバばかり食べたりされたら、周りの人は、とてもではありませんが、生活できなくなるでしょう。また、本人も、精神統一ができなかったり、おとなしくしていられる状態ではなくなったりすることもありますので、よし悪《あ》しの両方があると思います。

昔から、「ドラキュラにはニンニクと十字架《じゅうじか》」と言われていますが、確かに、ニンニクには、精力がつく部分があるので、悪霊を祓《はら》う力が宿っているような植物もあるということです。

もちろん、ほかにも、力が出るものや短期間でエネルギーになりやすいものには、一時的に霊力を上げる力があると思いますが、長期的に見ると、それが今度はマイナスに変わることもあります。むしろ、肥満したりする原因になる場合もあるので、よし悪しについては分からないところがあるのです。また、ある程度、体の鍛《きた》え方にも関係があるかもしれません。

「エクソシスト」と霊力《れいりょく》の関係とは

大川隆法　残念ながら、霊力《れいりょく》は、放射線の量を測るように、そんなに簡単には測れないものですが、世の中には、そのように、機械的には測れず、勘《かん》でしか分からないものは、たくさんあるのではないでしょうか。

私の場合でも、「今、霊力がこの数値だから講演会が行える」などというように、そう簡単にはいきません。「数値が高いからできる」ではなくて、「できるようにするにはどうするか」を考えなければいけないことのほうが多いのです。

ちなみに、力が落ちてきて、自分だけの霊力で足りなければ、周りに霊力を供給してくれるような人を置きます。霊力は、元気な者のほうから、力が足りない者のほうへ流れていきますので、その人たちの力、パワーが入ってくるからです。

私は、何千、何万の単位の人々に法話《ほうわ》をするときには、大勢の人に光を与《あた》えなければいけないので、そうとう（霊力を）放射《ほうしゃ》します。そのため、事前に、ため池に水をためるように、エネルギーをためなければいけない時期があるのです。その加減が、「秘伝」の部分としての難しさなのかもしれません。

やはり、霊力が足りないと、悪霊・悪魔《あくま》と言われるものに勝てないことも現実にあります。

私も、在家《ざいけ》で仕事をしていたときには、仕事としてやらなければいけないことがあったし、ベータ波動《はどう》（忙《いそが》しく仕事をしているときに出る脳波のこと）も長く続くため、肉体的にも精神的にも疲れていたのですが、そういう場合には、悪霊を取ろうとしても取れないことが、けっこうありました。やはり、力的に勝てない場合があるのです。

やはり、それに勝てるようになるレベルというのはあって、「専門家」というか、「プロ」にならないと勝てない部分があるわけです。「相手によって、アマチユアでは勝てないレベルがある」ということを知っておいたほうがよいでしょう。

エクソシスト（悪魔祓《あくまばら》い師）なども、相手が強くなってくると勝てなくなってきます。映画の「エクソシスト」（一九七三年、アメリカ）にも、「神父《しんぷ》さんたちが、逆に殺されてしまう」という場面が描かれていましたが、相手が強くなってくると、やられてしまうわけです。

つまり、相手が弱ければ飛ばせるのですが、相手が強いと、逆に、自分のほうが自殺させられたり、殺されたりするようなことがあるのです。

これについては、あまり、なめすぎないほうがよいのではないでしょうか。相手の手の内が分からなかったり、実力が分からなかったりするとやられることがあるので、あまり好んでそういう悪霊・悪魔などに接近しすぎないことも大事です。

強がって、「幾《いく》らでも相手をしてやる」という感じで喧嘩《けんか》を売っていると、やられることもありますし、相手の数が多い場合や、だんだん大きいものが出てくる場合もあります。

逆に、なるべく、そういうものとは波長《はちょう》を合わせないように、近づかないようにしつつ、自分の味方、つまり、〝光〟の供給をしてくれる仲間を増やしていくことが大切です。

さらには、悪霊を祓うための何らかの儀式《ぎしき》を自分なりに確立しておくことが必要だと思います。例えば、「幸福の科学の経典《きょうてん》を読む」「『正心法語《しょうしんほうご》』のCDをかける」「経文《きょうもん》を読む」「反省をする」など、いろいろあるでしょう。あるいは、「マイナスにとらわれすぎずに、プラスのほうを増やしていく努力をする」とか、「光明思想《こうみょうしそう》的に自分を励《はげ》まして浮上《ふじょう》させる」とかいうことも大事です。要するに、

悪霊を退散させるための方法が詳細に説かれた『地獄の方程式』。（幸福の科学出版）

自分自身が原因で悪霊を呼び込《こ》んでいる場合もあるので、そういうときには、自分自身を励ますことも必要なのです。このあたりは、宗教の本業にかかわることでしょう。

いずれにせよ、霊力の測定は、体温を計ったり、人間ドックで検査をしたりするようにはできない可能性があります。

霊的《れいてき》なことは単純に受け入れたほうがよい

大川隆法　ただ、医学のほうでは、やや精神的なところを無視しすぎている面があるので、そのへんは残念な感じがします。

先般《せんぱん》、アメリカで二百万部のベストセラーになった本を書いた脳外科医《げかい》（エベン・アレグザンダー）についてのテレビ番組を観《み》ました。

そもそも彼は、あの世や霊《れい》などを信じていなかったのですが、自分が臨死体験をし、その仮死状態だったときの、要するに、臨死状態だったときの脳の断面図などを見て、「この段階で、こういう体験をしたことを記憶《きおく》していることはありえないから、やはり、あの世はあるのだ」というようなことを言っていたのです。

私たちから見れば、単純に考え、単純に受け入れればそれで済むことを、難しい勉強をしすぎたために、遠回りしているように思える面がありました。

むしろ、あまり複雑に考えすぎたり、「複雑な機械で、いろいろ測定しよう」などとしすぎたりせず、「窓ガラスと同じで、拭《ふ》けば透明《とうめい》になり、光がよく射《さ》してくるようになる」という程度のものであると考えておいたほうがよいかもしれません。

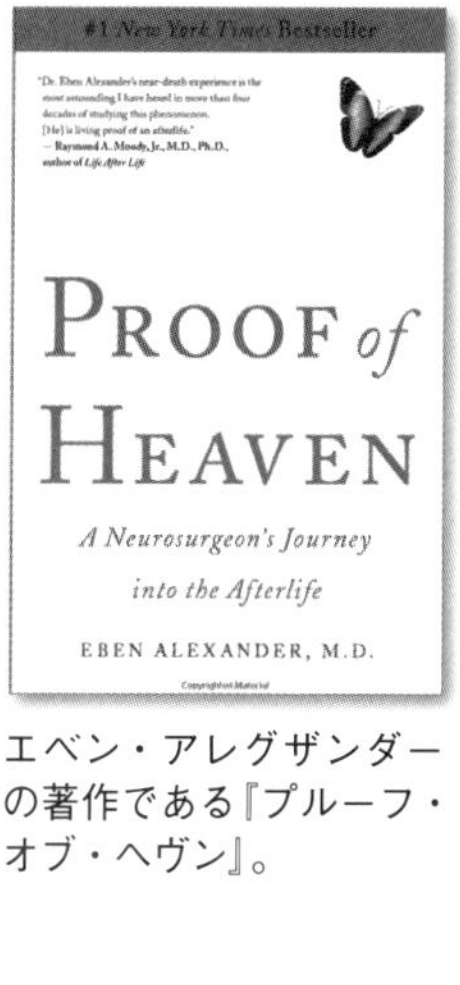

エベン・アレグザンダーの著作である『プルーフ・オブ・ヘヴン』。

11 「新しいエネルギー資源」の発見の可能性は

E――　今、エネルギー開発が重要視されていると思います。ドイツでは原発を廃止《はいし》したために、電気代がかなり上がっていますし、日本でも、そういったことが起きています。

また、「太陽光パネルを家に付けると補助金が出る」などということもあるようですが、現実性が少し足りない気がします。

「過去の文明では、植物からエネルギーを取り出し、各家庭で使っていた時代もある」とお教えいただいていますが（『太陽の法』『アトランティス文明の真相』〔共に幸福の科学出版刊〕参照）、例えば、水を電気分解すると水素と酸素になるように、各家庭にあるもの、つまり、植物や水、空気などを使って、エネルギーを取り出すことのできる可能性はあるのでしょうか。それとも、エネルギー問題に関しては、もう少しマクロの面で解決すべきなのでしょうか。

高度産業社会におけるエネルギー開発の考え方

大川隆法　本当は、この世的にエネルギーになるものも、霊界《れいかい》の力や光、この世に生命を与《あた》えたものも、「同じもの」「一つのもの」であって、それが循環《じゅんかん》しているだけのことなのです。

つまり、実際は、同じものが、別なものに換《か》わったり、姿を変えたりしているだけのことではあるのですが、それに気づくのは、なかなか難しいところがあるでしょう。

最低レベルまで行けば、牛糞《ぎゅうふん》をせんべいのようにして家の壁《かべ》に貼《は》りつけて乾《かわ》かし、それを燃やすことで、いちおう、エネルギーは取れます。

そのレベルから始まって、いろいろなものがあるわけですが、高度産業社会においては、莫大《ばくだい》なエネルギーを必要とするので、「それが、人間の生活を豊かにしていることと、どれだけ釣《つ》り合っているか」という考え方が要《い》るのだと思うのです。

例えば、リニアが走れば、新幹線の三倍はエネルギーを食うと言われていますが、「それだけエネルギーを費《つい》やしても、人間社会にとって何かよいことがあるかどうか」ということとの兼《か》ね合いでしょう。

もちろん、エネルギーを減らしていこうと思えば、減らしていくことはできますが、いろいろな活動がスローダウンしていくことは間違《まちが》いありません。だんだん原始生活に戻《もど》っていき、自然に帰っていくかたちになるでしょうから、「火を起こすだけでも、一仕事《ひとしごと》」というようなことになります。「ご主人の仕事は、一《いっ》生懸命《しょうけんめい》、木の棒を摩擦《まさつ》して、火を起こすこと」というようなレベルまで落ちていきかねません。

ただ、現代人は、それに対して、そう簡単に納得《なっとく》がいかないでしょう。

この世の中はエネルギーに満ち満ちているという真実

大川隆法　また、「新しいエネルギーの取り出し方」についてですが、本当は、この世の中はエネルギーで満ち満ちているので、いろいろなかたちでの取り出し方が可能なのだろうとは思います。おそらく、もう一段、化学の研究が進めばできるのではないでしょうか。核《かく》に対して、これだけアレルギーがあるのであれば、核以外のものからエネルギーを取り出す方法が出てくるだろうとは思います。

これには、実際、物理学も必要になるでしょう。新しいエネルギーの取り出し方の研究を考えるべきかと思います。

通常、〝大したことのないもの〟が、ものすごく巨大《きょだい》なエネルギーになるわけです。例えば、風も、台風になれば、ものすごいエネルギーになりますし、川も、氾濫《はんらん》すればものすごいエネルギーになります。また、火も、燃え広がればものすごいエネルギーになるのです。このように、いろいろなものがエネルギーに換わっていくので、エネルギーの取り出し方には、研究によって、まだまだ可能性があるでしょう。

ただ、「安定的に供給できるかどうか」という問題については、もう一段、精緻《せいち》な研究がなされなければいけないとは思います。

現在は、原子力発電や石油・石炭・天然ガス等による火力発電以外に、風力発電や太陽光発電、地熱発電、それから、潮力《ちょうりょく》発電（満潮《まんちょう》・干潮《かんちょう》時の潮の満ち引きを利用しての発電）など、いろいろなものがありますが、おそらく、「物質がエネルギーになり、エネルギーが物質になる」という方程式から見ると、ウランだけではなく、ほかの物質であっても、何らかのかたちでエネルギーに変換《へんかん》する方法を見つけ出すことができるはずです。したがって、放射能のことが嫌《きら》いであれば、それ以外のものの研究をしていけばよいと思います。

例えば、今、いろいろなものについて、「何キロカロリー」などと表示されていますが、これは、「燃やしたとしたら、どれくらいのエネルギーが出るか」ということで計算されているわけです。つまり、「すべてのものはカロリーを持っている」ということであり、どんなものも、燃焼《ねんしょう》するときには石油に代わるようなエネルギーになるのです。

2012年9月15日に収録されたアインシュタインの霊示。原子力を超える「新エネルギー」の可能性が語られている。（幸福の科学出版）

自然災害を逆手《ぎゃくて》に取ってエネルギーに換《か》える発想

大川隆法　なお、基本的には、「安定的なエネルギーになりうるかどうか」というところが問題であって、そうしたものがつくり出せれば、何でも大丈夫《だいじょうぶ》です。

かつては、木もエネルギーになっていたのでしょうけれども、植林という作業も要ります。むしろ、いちばん豊富なものは、水と大気でしょうから、「このあたりから、何を取り出すことができるか」という研究が必要かもしれません。

あとは、自然災害が多いので、この自然災害を逆手《ぎゃくて》に取って、「何らかのエネルギー源に換《か》えられないかどうか」を考える手はあると思います。

例えば、アメリカなどでも、年中、竜巻《たつまき》が起き、非常に多くの被害《ひがい》が出ていますから、竜巻を消滅《しょうめつ》させる方法も研究されなければいけないでしょう。ただ、その消滅させる方法のなかには、竜巻からエネルギーを吸収してしまう方法もあるはずです。要するに、エネルギーをなくしてしまえば止まるからです。

　やはり、そうした破壊《はかい》エネルギーを、もう少し健全な、創造や生命の維持《いじ》のエネルギーに切り換える研究が必要ではないでしょうか。

　同じく、台風などもたくさん起きるので、「台風のエネルギーをどうやって取り出すか」を考えることも、可能性としてはあるだろうと思います。今は、やられっぱなしの状態でしょう。

2013年11月12日の緊急霊査では、巨大台風の背後にある霊的真相が突き止められた。
（幸福の科学出版）

時に甚大な被害をもたらす竜巻や台風などは、エネルギー資源という観点から見た場合、巨大なエネルギーを獲得する可能性を秘めた気象現象でもある。

さらに、日本は火山国であるので、「地熱発電の可能性が、どこまであるか」というテーマもあります。

私としては、「できれば、災害を消滅させつつ、エネルギーとして貯蔵できるような方法があれば、将来的には、いろいろ便利であろう」と思っています。

12 「感情を持つロボット」は発明すべきか

F――　未来には、人間型ロボットが発明されると思うのですが、その際、感情を持ったロボットが発明されるべきなのでしょうか。また、そもそも、感情というものは、魂《たましい》が宿らないと持てないものなのでしょうか。

ニーズとしてある「感情表現のできるロボット」

大川隆法　うーん。このへんについては、今、特に、欧米《おうべい》の医学部系統でも困っているところではあると思います。

「生命、魂《たましい》というものを、どこでもって認定するか。感情を持っていることが魂の証明になるかどうか」というところは難しいでしょう。

ロボットの犬などをつくって、ある程度の感情表現をさせることぐらいはできますが、「生きているものとは、何か違《ちが》う」と分かるところが不思議です。ロボットにも、つくられたあとに、壊《こわ》れるときがくるので、「生《しょう》・老《ろう》・病《びょう》・死《し》」がないわけではないと思うのですが、「生命が宿っていない」ということを知っているため、そう感じるのでしょう。

ただ、おそらく、感情があるものに、

かつてソニーが販売していたＡＩＢＯ。小型犬などのペットロボット（エンターテインメントロボット）であり、顔や背中などに搭載されたLED の光によって、さまざまな感情や状態を表現した。

かなり近いものが、必要があって開発されていくのではないかと思われます。

やはり、できるだけ人間に近い考え方や感情を持って、人間に近い動き方ができるものは必要でしょう。日本のように移民を嫌《きら》う国であれば、よけいに必要になってくると思います。「猿《さる》を訓練して、人間並みの仕事をさせるよりは、ロボットを使ったほうがよい」と考えるのではないでしょうか。猿が器用に人間の代わりをしてくれるようになるのは、なかなか難しく、ウエイターをさせたら、物をつまんで食べてしまうでしょうから（笑）、ロボットを、だんだん人間に近づけていくような工夫《くふう》が要《い》るのではないかと思います。

ただ、最初から、そういうものをつくるのは難しいので、「機能別に、何か一つの作業ができる」というような、限られた能力のものになるでしょう。

トヨタ自動車の工場のようなところでは、組み立てロボットが、すでに人間とよい競争をし、あるいは、人間以上に精密に、いろいろな作業をこなしています。

それは、ありがたいことであり、仕事のなかでも、力が必要だったり、ワンパターンだったりするものの場合、ロボットが、非常に重要になってきています。

例えば、牛の乳搾《ちちしぼ》りも、ロボットとは言わないかもしれませんが、機械化してできるようになっており、北海道では、「牛が、牛舎のような機械のなかに入っていき、自動的にお乳を絞《しぼ》ってもらって、終わったら出る」というようにやっています。一方、人間は、モニターに映っている図を見ながら、きちんとできている

トヨタ工場で稼働中のロボット。作業効率が高く、ある溶接ラインでは、1500台のロボットが導入され、自動化率は97パーセントに達するという。

かどうかを管理しているわけです。

もちろん、牛にも感情があるため、乳搾りが下手だったら暴《あば》れたりするでしょうし、上手に揉《も》まないと乳が出ないでしょうから、そのへんの加減をいろいろ調整できるように研究しているのだと思います。

新たに訪《おとず》れる「人間とロボットの共存」という問題

大川隆法　もしかしたら、人間的な感情を持つものとして、例えば、ペットロボットのようなもので、「奥様《おくさま》の機嫌《きげん》を直すロボット」などがつくられるかもしれません。

「とにかく、今までインプットしたもののなかから、ありとあらゆるほめ言葉を言わせたり、肩《かた》を揉んだり、いろいろしながら、一時間以内に機嫌をよくしてしまう」というロボットもつくられるだろうと思います。

しかし、最後の段階では、映画でよく描かれているように、「人間との共存の問題」が出てくるでしょう。

ロボットの場合、つくり方によっては、破壊《はかい》力や殺傷力などを人間以上にすることも可能です。おそらく、人間以上の力を発揮するようなものがつくれると思うので、人間と共存ができるかどうかという問題が出てくるはずです。

確かに、「このへんについて、十分な支配ができるかどうか」というテーマで、未来小説がたくさん成り立っているわけですから、微妙《びみょう》な兼《か》ね合いがあるかと思いますが、ロボットに感情の基本のようなものをつくることは、おそらくできるだろうと思います。

つまり、実際には、感情はないかもしれないけれども、感情があるかのような表情の動かし方をインプットして操作することは可能でしょう。

ただ、映画「サロゲート」（二〇〇九年、アメリカ）のように、「実際上、自分は寝《ね》ているだけで、自分の代理のロボットが生活している」というようなところまで行くかどうかについては、微妙なところがあります。

もしかすると、霊界《れいかい》にいる魂の兄弟たちは、そういう経験をしているのかもしれません。要するに、霊界にいる魂の兄弟たちは、霊界にいながら、地上生活の体験の部分を（肉体を通して）感じ取っているからです。

そのように、肉体そのものも、ある意味での〝ロボット〟ではあるので、ロボットを、それに近づけていくことができるのではないでしょうか。

宇宙人の技術等について一部聞く限《かぎ》りでは、そうとう、人間に近いもの、つまり、ヒューマノイドがつくれるらしいことは分かっています。

今の地上の人間にできないのは、こうした「タンパク質でつくったロボット」です。これが、なかなかつくれないでいますが、いずれ、それがつくれるようになるかどうかということになるでしょう。

「魂《たましい》の兄弟」と「守護霊《しゅごれい》」の仕組みとは

原則《げんそく》として、魂は六人で一組になっており、リーダー役の霊を「本体」、ほかの五人を「分身」という。それぞれ、生まれた時代は異なり、違う意識を持っている。また、性別が異なる場合もある。

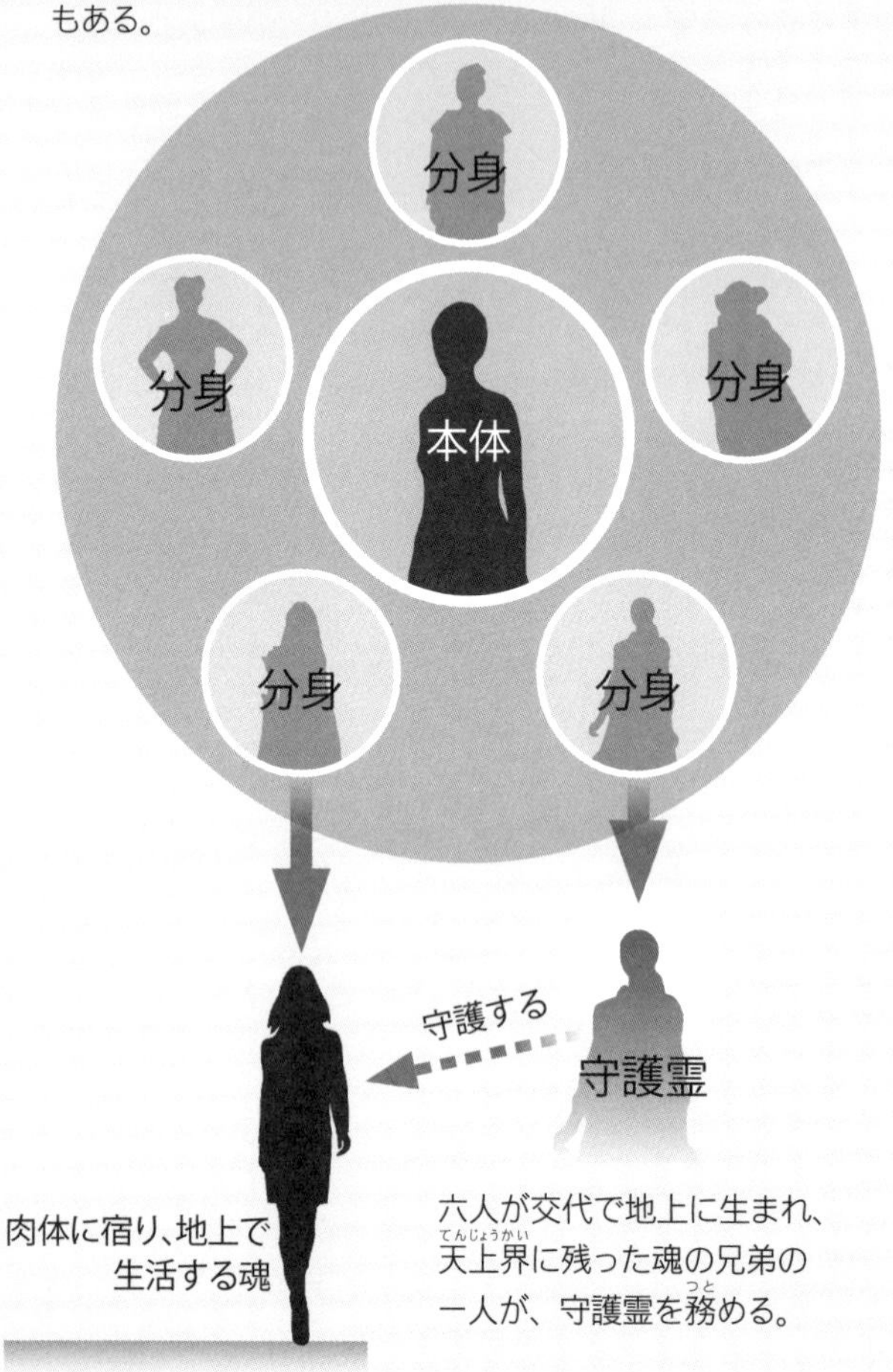

ロボットにはどんな「魂《たましい》」が宿るのか

大川隆法　さらに、「魂《たましい》があるかないか」の問題については、今後、未来の宗教、倫理《りんり》の問題として出てくると思います。

というのも、ヒューマノイドができたら、そこに宿る魂は、天上界《てんじょうかい》に住んでいる魂ではないものかもしれないからです。動物の魂や迷っている魂など、肉体を求めているものはたくさんいるので、そういうものが入ることも、場合によってはあるかもしれません。

いずれにせよ、未来的な宗教の問題としては、そうしたことがあるでしょうし、魂を選《よ》り分けられるところまで、何らかの倫理が働くかどうかについては分からない部分ではあります。

ヒューマノイドが、人間の下請《したう》けでやっている分にはよいのですが、人間と同じ機能を持ってしまった場合、事実上、地獄《じごく》から地獄霊が抜《ぬ》け出せる可能性が出てくるのです。地上に生きているもののなかに、もし、地獄霊が宿ることができるようになったとしたら、殺人者がよみがえるのと同じようなことが起きるということです。

そのように、殺人や銀行強盗《ごうとう》、泥棒《どろぼう》などをして死んでいったような人たちが、〝肉体〟を取り戻《もど》すことができるようになるとしたら、ロボットには、極《きわ》めて危険な面があるでしょう。

また、善良なる魂が宿るにしても、〝人権〟の問題は出てくるのではないかと思います。あるいは、「『善良なロボット 対 悪質な本物の人間』で、そのどちらを大事にすべきか」

「アンドリューＮＤＲ114」という映画に描かれた、「ロボットが進化して人間になろうとする未来」がテーマとして取り上げられている。（幸福の科学出版）

などという難しい問題が出てくる可能性もあるかもしれません。

そうしたことは、もう近未来に迫《せま》ってきているような気が、私にはするのです。百年以内には遭遇《そうぐう》することになるのではないでしょうか。

ただ、今のところ、地球上で、まだ人口増が止まらないので、はっきり言って、ロボットをつくるよりは、貧しい地域に増えた人間を〝召《め》し使《つか》い代わり〟に使うほうが便利であり、安価でもあります。そのため、もう一段別の階層ができる可能性のほうが高いという気はします。

13 「週末に霊界《れいかい》旅行」は可能になるか

D―― 未来のエンターテインメントというか、娯楽《ごらく》という観点でお伺《うかが》いしたいと思います。

例えば、今は、夏休みなどに、家族揃《そろ》って、海や山へ行ったりしますし、近未来においては、宇宙へ旅行に行くこともありうると思うのですが、さらに高度な未来社会においては、「霊界《れいかい》旅行」、例えば、「週末は、家族揃って竜宮界《りゅうぐうかい》へ行く」というようなことが、さらに先にあるサービスとしてありえるのでしょうか。

現在のところ、これは霊能者《れいのうしゃ》特有の能力ではありますが、科学がさらに高度に進化した未来社会においては、「霊界」と「地上」との関係が、今の「宇宙」と

「地球」とのような関係まで進んでいくものなのかどうか、科学と霊界の観点についてて伺えたら幸いです。

実際は、みんな「霊界《れいかい》旅行」をしている？

大川隆法　今、ほとんどの人間は、本当は、〝二重生活《にじゅうせいかつ》〟をしています。

要するに、私たちは、霊界《れいかい》から単身赴任《ふにん》してきているような状況《じょうきょう》であり、この世においては、肉体に宿って生活していますが、睡眠《すいみん》中に、肉体を抜《ぬ》け出して霊界に行っていることが多く、言わば、二重生活をしているのです。

「霊界旅行」については、「その二つを、意図的、自覚的にできるかどうか」ということになるのでしょうが、今のところ、かなり限られた人以外は難しいような気はします。

というのも、それが自覚的に行われるようになるとしたら、やはり、この世に生まれ変わってくるシステムそのものについての問題点が出てくるからです。

洋の東西を問わず、「生まれ変わってくると、前世《ぜんせ》の記憶《きおく》を全部失う」と言われていますが、全部を知ったままで生きるとなると、ある意味で、この世の学習効果自体は落ちてくるところがあります。

「生まれてくるときに、自分の前世やあの世の生活、約束事などを全部忘れて生まれてくる」ということは、まことに不思議なシステムだとは思うのですが、それは、「全部を知りつつ、この世で生きている」ということに、人間が満足できるかどうかという点で、なかなか微妙《びみょう》なところがあるからでしょう。

先が分からないから面白《おもしろ》いところもあるし、自分の前世が分からないから面白

「人間は、睡眠中に霊界におもむき、霊太陽のエネルギーを浴びたり、霊人と交流したりしている」という事実が明かされている。（幸福の科学出版）

いところもあるわけです。さらには、いろいろな約束事をしている人たちと出会うことを知らないからこそ、生きていられるところや努力していられるところもあるのです。

これらを、全部、取り去り、ガラス張りにして、あの世とこの世の境界線をなくしてしまい、「楽しみとしてあの世に〝里帰り〟ができて、ワイワイやれるような状態がよいかどうか」と言われると、微妙なところがあります。

また、今は、それが非常に希少価値を持っているがゆえに、信仰心《しんこうしん》というものがあるし、宗教などが成り立っている面もあるのではないでしょうか。

これが、「普通《ふつう》」というような感じになり、週末は、「はとバス」代わりに何かに乗って、「ちょっと、霊界のどこそこへ行ってくる」ということになってきたとしたら、だんだんこの世に帰ってこなくなる人のほうが増える可能性は高いと思います。

実際に、あの世を経験してみると、この世は、やはり不自由です。例えば、食べなければ生きていけません。そのために働くことが義務づけられているのであり、「食べるためには働かなければいけない」「働くためには勉強をしなければいけない」ということで、苦痛に耐《た》えなければいけないことが数多くあるわけです。

ところが、食べなくてもよい世界があり、自分の好む安定した世界に還《かえ》っていくことが可能になれば、誰も、この世的な修行《しゅぎょう》が心地よいとは思わなくなるかもしれません。

この世には、「神秘パワー」を十倍、百倍にする力がある

大川隆法　ただし、あの世でも、やはり、各人の持つ霊能力によっては限界があって、どういう世界を体験できるかは、人それぞれ違《ちが》います。また、あの世だけにいて、新しい能力が開発されることは非常に少なく、この世を通すことによっ

て、その人の潜在《せんざい》的な能力を開発することができるわけです。この世には、そういうパワーがあります。

つまり、肉体に宿ると、霊的《れいてき》には盲目《もうもく》の状態になるのですが、そのなかで、霊的な真実を悟《さと》ることによって、神秘パワーが十倍、百倍になるチャンスがあるのです。この世を通すことによって、あの世へ行ったときの能力の拡大が起きるわけです。

やはり、あの世にいるままで天使になるのは、なかなか難しいのですが、この世で数十年の人生を経過することによって、天使になることが可能になりますし、そうすることによって、いろいろな異世界へ行って経験することにも幅《はば》が増えてきます。

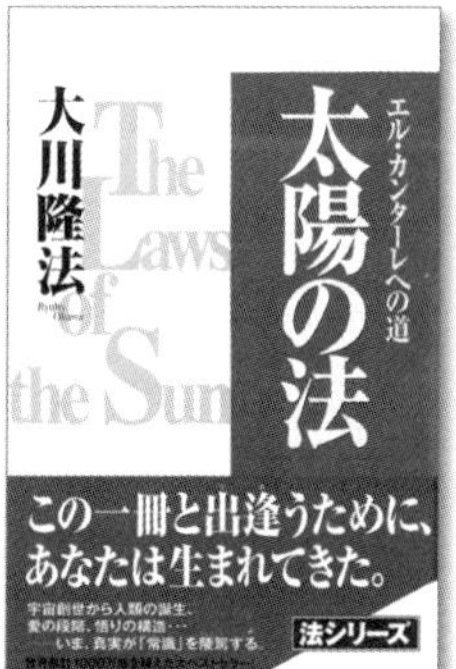

転生輪廻の仕組みに基づいて「魂の進化」のプロセスが解き明かされている。（幸福の科学出版）

ただ、そういうことができない人は、自分の還った世界で何百年か過ごしているうちに退屈《たいくつ》してきて、この世に生まれ変わってくる感じになるわけです。

今、こういう仕組みをつくっていることがよいかどうかは分かりませんが、この世での修行を卒業することになると、たいていは、その星での生命が終わりになり、他《た》の星に魂《たましい》として移住することになるでしょう。

いずれにせよ、「この世には、もう学ぶべきことがなく、霊界にでも行って、客観的に、いろいろと勉強しなければいけない」ということであれば、おそらく、地上での生活がもう終わりに近づいてきていることになるのではないかと思います。

14　宇宙人とのコミュニケーションの方法は

G――　幸福の科学の霊言《れいげん》などでは、「未来の科学技術は宇宙人から取ってきたほうが早い」という話を聴《き》くのですけれども、その場合、やはり、宇宙人と円滑《えんかつ》にコミュニケーションをする能力というものが、どうしても必要になると思います。

これについては、外国人とのコミュニケーションと同じなのかもしれませんが、「言語が違《ちが》う者たちの間で、いかにコミュニケーションをとっていくか」ということに対して、新たな発明などがありますでしょうか。

宇宙人が主《おも》に使う「通信方法」とは

大川隆法　地上にさまざまな言語があるように、やはり、それぞれの星に言語はあります。

ただ、現実に、宇宙人とのコンタクトにおいては、「テレパシー型の通信方法」で行われていることが多いため、「宇宙語を習い、会話をする」ということにはならないケースが大半のようです。

また、宇宙人のほうは、自動翻訳《ほんやく》装置を持っているような状況《じょうきょう》に近いと思いますし、感情が読めるというか、心のなかに入ってこれるので、そういう意味では、霊界《れいかい》との差は極《きわ》めて少ないでしょう。

いずれにしても、宇宙人とのコミュニケーションの仕方については、基本的にテレパシー的なものが多くなるため、彼らが好《この》む言語でコンタクトをしてくるであろうと推定されます。

さらに、「こちらのほうが宇宙語を話せるかどうか」ということですが、例えば、現実に宇宙人が出てきた場合、私のような人間であれば、おそらく、そうした宇宙人の言葉を話せるだろうと思います。

これは、もちろん、難しいことは難しいのですが、宇宙のなかに、いわゆる、パンニャー・パーラミター（般若波羅蜜多《はんにゃはらみた》）に当たる「智慧《ちえ》の宝庫」のようなものがあるので、それを自由に使いこなすことができれば、あらゆるものとの意思の交信が可能にはなってきます。

そうなると、「特定の星の、特定の宇宙人と通信する」ことも、できないわけではありません。

宇宙人が地球文明に介入《かいにゅう》できる理由

大川隆法　ところが、宇宙人に関しては、霊界とほとんど同じ扱《あつか》いになっています。「地球上の生活と進化速度等に、あまり影響《えいきょう》を与《あた》えてはならない」という法則があるので、基本的に、宇宙から遠隔《えんかく》で地球人をいくらでも操作できるようにはなっていないのです。

それで、彼らは、〝隙間《すきま》〟を狙《ねら》ってゴソゴソと動いたり、調査捕鯨《ほげい》のサンプルづくりのように、チョコチョコと地球人に干渉《かんしょう》したりはしていますが、大局には影響を与えられません。

ただ、「戦争や天変地異《てんぺんちい》などで、巨大《きょだい》なものが起き、人類の文明に大きな影響を与えるようなときには、ＵＦＯや宇宙人の地球への来訪《らいほう》が多発する」ということは報告されています。つまり、観察しにくるわけでしょう。

しかし、最終的に、地球が危機に陥《おちい》ったときに、「救いにくるか。あるいは、末期ガンのような感じで、『これはもう最後だ。駄目《だめ》だな』と思って手を出さないか」という判断については、あちら側に握《にぎ》られていて、こちらからは、なかなか意見を言えないような状態になっているとは思います。

なお、宇宙には、いろいろな文明が現実にありますけれども、それぞれの長短があるし、善悪の基準などには、いろいろ違ったものがあって、一定の自治が任されてはいるため、よその星の善悪や、進化の度合いについて、「自分たちのものさし」で、あれこれと言いすぎることは、基本的に禁じられているのです。

そのため、もっと大きな意志とのコンタクトも含《ふく》めて、「調整しないと危険だ」

「宇宙人の地球来訪の目的」や、「地球人との共存の可能性」など、宇宙人とＵＦＯの真実が示された書。（幸福の科学出版）

との判断がなされ、さらに協力要請《ようせい》があった場合には、介入《かいにゅう》することもありますが、一般的《いっぱんてき》には、あまり介入しないわけです。

宇宙人との共存を妨《さまた》げているものとは

大川隆法　また、「地球の軍事情報等を加速させることを助けている宇宙人もいる」と、一部言われてはいますが、ほとんどが〝二重スパイ〟状態になっており、「地球の軍事情報に加速度を与えるために協力している」面と、逆に、「地球の状態を調べて報告している」面と、両方あるように感じられます。

そのへんについては、各国政府もよく理解しているため、なるべく伏《ふ》せている部分があるのでしょう。「ほかの惑星《わくせい》からの援助《えんじょ》を受けて、こういうことをやっております」というようなことを言うと影響が大きすぎるので、そういうことは伏せているようではあります。

また、先進国を中心に、「何とか早く宇宙に出て、宇宙人と対等の力を持たないと危険だ」という意識は非常に強くあるようです。この点で、日本は、やや後《おく》れているようには思いますが、そのレベルに達したときに、ある程度、各国と対等に話ができるようになるのではないでしょうか。

それを急がないと、ホーキング博士が言っているとおり、「白人に支配されたアメリカ大陸のインディアンのような運命が待ち受けている」ということも、ないわけではありません。

ただ、「恐怖《きょうふ》」が広がらないように、彼らの存在を秘匿《ひとく》している傾向《けいこう》はあると思います。

それから、宇宙人が怖《こわ》がっているもののなかには、地球のなかに

「宇宙人脅威説」を唱えるホーキング博士の真意とは何か。霊査によって、博士の心の内にある「宇宙人としての魂」の告白を第１章に所収。
（幸福の科学出版）

あるウイルスの類《たぐい》があります。そのなかには、彼らが苦手とするものもかなりあるので、やはり、「地球には、ストレートには住みにくい」というのが現状であるようです。

そのため、彼らも、人間とのハイブリッド（合いの子）をつくろうとしたり、いろいろと努力はしているようですが、形状に関しては、「彼らから見れば、美しく見えるのに、地球人からは醜《みにく》く見える」というような場合もあって、好き嫌《きら》いが出るので、そのへんに、なかなか共存しにくい部分があるのかと思います。

（Hに）何か質問はありませんか？

H――　いえ、大川総裁の答えのなかで、もう出てしまったので……。

大川隆法　「もっと美しくなるには」とか……。

Ｈ――　いいえ。

大川隆法　ああ、そうですか。

（聴衆席《ちょうしゅうせき》に向かって）「未来のドラえもん」などについての質問はないですか？

大丈夫《だいじょうぶ》ですか？　では以上としましょう。

15　未来産業学は「発明学」から始まる

「現にあるものを便利にする」という発想が「発明学」のもと

大川隆法　あまり科学的ではなく、怪《あや》しげなところに止《と》まってしまったかもしれませんが、一部は何かの発明に使え、一部は宗教の話として使えるあたりだったのではないでしょうか。

もちろん、これで終わりではありません。今日は、ほんの〝肩慣《かたな》らし〟程度であって、「何でもよいから一歩前進させた」ということです。

私は、幸福の科学大学において工学部系統のものをつくる場合、「未来産業」ということであれば、「発明学」的なものが中心になるとは思っています。

ただ、「発明学」のもとになるものとしては、「奇想天外《きそうてんがい》なものをつくる」ということも大事ではありますけれども、基本的には、「現在ただいまにあるものに着目し、それをより変化させることで便利にならないか」という着想《ちゃくそう》から入るべきだと思うのです。それが、ローコストで、実績を生み、役に立つかたちになるでしょう。やはり、「現にあるものを少し変化させることで何かできないか」と考えるべきです。

例えば、パナソニックにしても、松下《まつした》電器と呼ばれるようになったもとは、当時、松下幸之助《こうのすけ》と二人の家族、合計三人でつくった「二股《ふたまた》ソケット」でした。当時は、電球が一個だけで、よく切れましたし、つけっぱなしだと明るすぎたため、これをどうにかしようと、大きな電球用と小さな電球用の二つに分かれたソケットをつくったのです。これは、私の子供のころにもあったものですが、スイッチを一回押《お》すと、大きい電球が消えて小さいものだけになり、二回押すと、小さい電球が消えるため、真っ暗になって寝《ね》られるわけです。つまり、「省エネのために小さい電球だけにする」という発明だけで、最初は会社が大きくなったのですが、これは現にあるものの工夫《くふう》から大きくなったケースでしょう。

また、前述したように、セパレートの水着も、実はおむつの観察からつくられたものだと言われています。

このように、いろいろな新製品が、現にあるものを改造したり、改革し

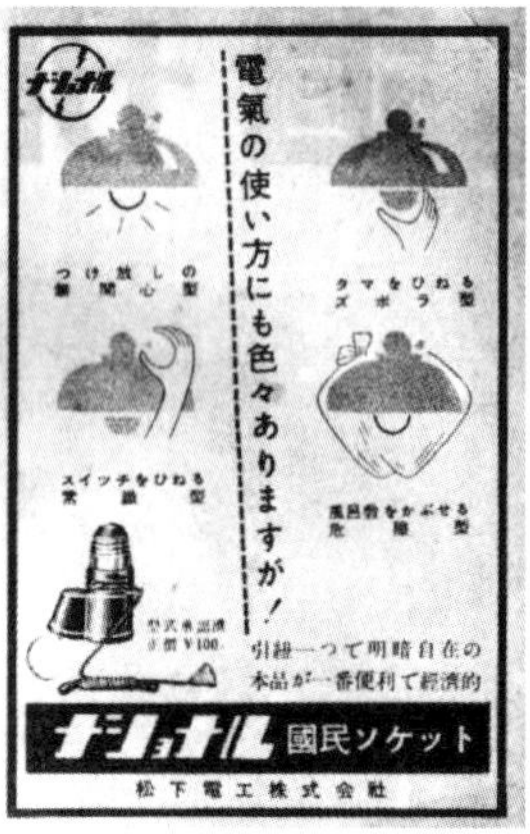

ソケット１つからの電気を、２つの器具で使うことができるようにソケットを二股に分けた「二灯用クラスター」。当時の広告からは、生活が格段に便利になる様子がうかがえる。

たりすることによって生まれくるのであり、天から降ってくるように、まったく新しいものができるのではありません。現にあるものを、例えば、「大きくしてみたらどうなるか」「小さくしてみたらどうなるか」「逆にしてみたらどうなるか」、あるいは、「異質なものと結合させてみたらどうなるか」等、あれこれ組み合わせてみることで、できるわけです。

ちなみに、「味《あじ》の素《もと》」という会社で、「どうしたら売上《うりあげ》が増えるか」という会議を開いたときに、新人に近い女子社員が、「(中蓋《なかぶた》の)穴を大きくしたらよいのではないか」というアイデアを出したそうです。確かに、すぐに穴が詰《つ》まって出なくなっていたため、そのとおりにしたところ、本当に売上が増えたという、冗談《じょうだん》のような話もありました。

そのように、ほんのちょっとした工夫から、いろいろなものが生まれてくることがあるのではないでしょうか。

アイデアのもととなる「異質なものの組み合わせ」

大川隆法　あるいは、「異質なものの組み合わせ」という観点もあります。

例えば、前述したあんパンについて言えば、西洋ではプレーンのパンでしかなかったものが、日本にはあんこ餅《もち》があったために、それとの組み合わせで、あんパンができ、それが、百何十年も続いています。

要するに、「『餅は餅』『パンはパン』であり、食物にはなるけれども別のものだ。和食と洋食とは違《ちが》うのだ」と思っていたところ、その異質なものを組み合わせてみた結果、違うものができたわけです。

それと同じように、ヌーベル・キュイジーヌ（新しい料理）といって、フランス料理と日本料理を組み合わせてみたら、適度にヘルシーなフランス料理ができたりもしています。

つまり、「組み合わせの妙《みょう》」とか、「通常とは違うところで使ってみる」とか、そういう工夫によって別なものができることがあるのです。

やはり、「発想の転換《てんかん》」や「着想の転換」をし、アイデアを生み出すことで、現実によりよいものをつくり、それを材料にしつつ、前進することは可能なのではないでしょうか。

ブレーン・ストーミングでアイデアを〝連射〟する

大川隆法　「現にある人材をいじったり、組織をいじったり、資金をいじったりして、いろいろなものを動かしていれば、企業家《きぎょうか》をやっているのだ」と思ったら

インスピレーションやイマジネーション、ブレーン・ストーミングまで、アイデアを生み出し続け、未来を創造する秘密が示されている。
（幸福の科学出版）

間違いです。「企業家の本質はアイデアマンなのだ」と、私は思います。基本的に、アイデアを持っていない者は、新しい付加価値を生み出したり、新しい創造をしたりすることはできません。やはり、アイデアが大事なのです。

ただ、その際に、アイデアが一個しかなく、言わば、弾《たま》が一個だけの〝一発必《ひっ》中《ちゅう》型の拳銃《けんじゅう》〟という状態では、基本的に無理があります。やはり、企業家をやっていく場合、アイデアを〝連射〟できなくては駄目《だめ》でしょう。マシンガン型で連続発射できることが必要です。

アイデアには、「数多く撃《う》ちまくらなければ当たらない」という傾向《けいこう》がありま す。「これこそはマーケットに絶対に合う」と思い、一発必中で出したところで、当たらないものは当たりません。いろいろ出しているうちに当たるものが出てくるわけです。

そういう意味では、散弾《さんだん》銃のようでもあるし、マシンガンのようでもあって、デタラメのように見えるかもしれませんが、アイデアとは、数多く撃たなければ当たらないものなのです。

やはり、ブレーン・ストーミング的な会議が必要でしょう。日本語に訳せば、「頭の嵐《あらし》」です。

要するに、「いろいろな人が、年齢《ねんれい》や立場、性別を超《こ》えて、お互《たが》いを悪《あ》しざまに言ったり、批判したりせず、自由な発想を出し合う」という会議を繰《く》り返し行い、アイデアを出すような組織でないと、新しいものを生み出していく力はなくなるのではないでしょうか。最後に、「決まったことをやれ」と言われて、それを実行するだけの組織では、大きくもならないし、付加価値も生まないと思います。

したがって、「お互いに批判せず、いろいろな意見を出し合い、新しいアイデアを数多く出す」という訓練をすればよいわけです。

アイデアを「実用化」「商品化」し、「資金」として回収する努力を

大川隆法　また、幸福の科学大学では、未来産業学部をつくったけれども、何をしたらよいのか分からないかもしれません。まずは、分からない者同士が、家で使っているものや、生活のなかで使っているものなど、現にいろいろとあるものをもとに、「これは、ここを、もう少し、どうにかしたほうが前進するのではないか」「よくなるのではないか」「便利になるのではないか」などと研究するあたりから始まっていくものでしょう。

そして、アイデアがかたちになったものを企業等に売り込《こ》んだり、製品化したりすることで、資金として回収することができれば、それを元手に、さらに大きなものをつくっていけるわけです。

いきなり大きなものに取り組み、「一キロメートル四方のピラミッドを建てて、

宇宙のパワーを引いてみる」などということをしても、お金の無駄になることがほとんどでしょう。まずは、現にあるものの一部を、逆《さか》さまにしてみたり、くっつけてみたり、逆に考えてみたりして、いろいろなかたちで発明をしていくことが大事です。アイデアは、数が多ければ多いほどよいので、アイデアを出す会議を続けていけば、研究するものは、おのずと、たくさん出てくるのではないでしょうか。

おそらく、毎日の生活のなかで、「もう少し、どうにかならないかな」と思うことがあるはずです。例えば、歯磨《はみが》き粉のチューブについて、「最後まで、どうしても出せない。最後の一ひねりまで歯磨き粉を出せるようなチューブのつくり

2013年9月27日に説かれた、幸福の科学大学未来産業学部の指針。
（幸福の科学出版）

方はないだろうか」と感じたならば、それは、十分な研究課題になるでしょうし、もし、そうしたものをつくれたら、企業に売り込むこともできるわけです。

やはり、身近なもののなかから、何ができるかと発想していくことが大事であると思います。

例えば、研究の結果、「眼鏡《めがね》をかけたら知的に見える」ということであれば、「頭が悪い」と言って悩《なや》んでいる女性たちに、エレガントな眼鏡をつくって、かけるように勧《すす》めることで、眼鏡の売上が増えることだってあるでしょう。また、眼鏡には、レンズが二つしかないのですが、三つ目にすると、もっと流行《はや》ることだって、もしかしたらあるかもしれませんから、いろいろと研究してみる余地があると思うのです。

ともかく、笑われてもいいから、次々といろいろなものに手を出していくこと、アイデアをマシンガンのように速射《そくしゃ》し、数多く出していくことでしょう。やはり、アイデアが幾《いく》つ出てくるかが勝負であり、一個や二個しか出ないようでは駄目です。「何百個も出てきて止まらない」というくらいのなかから新しいものができてくるのです。

例えば、「未来のエネルギーとは、いったい何ですか」と訊《き》かれた場合、「これがエネルギーです」と一つだけ取り上げることはできるものの、実際には、さまざまなかたちでエネルギー源が採れるわけです。

鉱物からでも採れますが、ミドリムシからだって採れます。いろいろなものからエネルギーは採れるので、あらゆる可能性を考えていくことが大事でしょう。

そして、アイデアを「実用化」し、さらに「商品化」して、「資金として回収すること」が大切です。あるいは、「アイデア料として収入を得る」ということであれば、未来産業学部には、何の装置もなくてもよいのかもしれません。

それでは以上で終わりにしたいと思います。

あとがき

今のところ、まだこの地上では、発明・発見・証明されていないことを創造することと。これは、私自身の仕事の中心概念でもある。

私も、とにかく人がまだ発見していない真理を発見し、人がまだ気づいていない未来を洞察するのが好きなのである。

幸福の科学大学の未来産業学部でも、ぜひとも世界初の発明・発見をしてほしいと思う。日本からノーベル賞をバンバン出そう。なに、そんなに難しいことではない。人の役に立つことで、未来の創造に貢献すれば、それでよいのだ。

クリエイティブな頭脳を創ろう。面白い人間になろう。
そして夢を大切にしよう。

二〇一四年　二月十四日

幸福《こうふく》の科学《かがく》グループ創始者兼総裁《そうししゃけんそうさい》
幸福《こうふく》の科学大学創立者《かがくだいがくそうりつしゃ》　大川隆法《おおかわりゅうほう》

『未来にどんな発明があるとよいか』大川隆法著作関連書籍

『太陽の法』（幸福の科学出版刊）
『神秘の法』（同右）
『創造の法』（同右）
『「未来産業学」とは何か』（同右）
『大川総裁の読書力』（同右）
『宗教の挑戦』（同右）
『地獄の方程式』（同右）
『比較宗教学から観た「幸福の科学」学・入門』（同右）
『霊界散歩』（同右）
『ネバダ州米軍基地「エリア51」の遠隔透視』（同右）

『トーマス・エジソンの未来科学リーディング』（同右）
『アトランティス文明の真相』（同右）
『アインシュタインの警告』（同右）
『フィリピン巨大台風の霊的真相を探る』（同右）
『「宇宙の法」入門』（同右）
『宇宙人による地球侵略はあるのか』（同右）

未来《みらい》にどんな発明《はつめい》があるとよいか

――未来産業を生み出す「発想力」――

2014年2月27日　初版第1刷

著　者　　大《おお》川《かわ》隆《りゅう》法《ほう》

発行所　　幸福の科学出版株式会社

〒107-0052 東京都港区赤坂2丁目10番14号
TEL(03)5573-7700
http://www.irhpress.co.jp/

印刷・製本　株式会社 東京研文社

落丁・乱丁本はおとりかえいたします

ISBN978-4-86395-442-7 C0030
Photo: AP/アフロ　skipinof / PIXTA（ピクスタ） Justin1569 at en.wikipedia
時事　岐阜・少林寺蔵「涅槃図」

大川隆法 ベストセラーズ・「幸福の科学大学」が目指すもの

新しき大学の理念

**「幸福の科学大学」がめざす
ニュー・フロンティア**

2015 年、開学予定の「幸福の科学大学」。日本の大学教育に新風を吹き込む「新時代の教育理念」とは? 創立者・大川隆法が、そのビジョンを語る。

1,400 円

「経営成功学」とは何か

百戦百勝の新しい経営学

経営者を育てない日本の経営学 !? アメリカをダメにした MBA——!? 幸福の科学大学の「経営成功学」に託された経営哲学のニュー・フロンティアとは。

1,500 円

「人間幸福学」とは何か

人類の幸福を探究する新学問

「人間の幸福」という観点から、あらゆる学問を再検証し、再構築する——。数千年の未来に向けて開かれていく学問の源流がここにある。

1,500 円

「未来産業学」とは何か

未来文明の源流を創造する

新しい産業への挑戦——「ありえない」を、「ありうる」に変える! 未来文明の源流となる分野を研究し、人類の進化とユートピア建設を目指す。

1,500 円

※表示価格は本体価格(税別)です。

大川隆法 ベストセラーズ・「幸福の科学大学」が目指すもの

「未来創造学」入門

未来国家を構築する
新しい法学・政治学

政治とは、創造性・可能性の芸術である。どのような政治が行われたら、国民が幸福になるのか。政治・法律・税制のあり方を問い直す。

1,500 円

プロフェッショナルとしての国際ビジネスマンの条件

実用英語だけでは、国際社会で通用しない！ 語学力と教養を兼ね備えた真の国際人をめざし、日本人が世界で活躍するための心構えを語る。

1,500 円

幸福の科学の基本教義とは何か

真理と信仰をめぐる幸福論

進化し続ける幸福の科学――本当の幸福とは何か。永遠の真理とは？ 信仰とは何なのか？ 総裁自らが説き明かす未来型宗教を知るためのヒント。

1,500 円

「ユング心理学」を宗教分析する

「人間幸福学」から見た心理学の功罪

なぜユングは天上界に還ったのか。どうしてフロイトは地獄に堕ちたのか。分析心理学の創始者が語る現代心理学の問題点とは。

1,500 円

大川隆法ベストセラーズ・「幸福の科学大学」が目指すもの

湯川秀樹のスーパーインスピレーション

無限の富を生み出す「未来産業学」

イマジネーション、想像と仮説、そして直観——。日本人初のノーベル賞を受賞した天才物理学者が語る、未来産業学の無限の可能性とは。

1,500円

比較宗教学から観た「幸福の科学」学・入門

性のタブーと結婚・出家制度

同性婚、代理出産、クローンなど、人類の新しい課題への答えとは? 未来志向の「正しさ」を求めて、比較宗教学の視点から、仏陀の真意を検証する。

1,500円

「現行日本国憲法」をどう考えるべきか

天皇制、第九条、そして議院内閣制

憲法の嘘を放置して、解釈によって逃れることは続けるべきではない——。現行憲法の矛盾や問題点を指摘し、憲法のあるべき姿を考える。

1,500円

恋愛学・恋愛失敗学入門

恋愛と勉強は両立できる? なぜダメンズと別れられないのか? 理想の相手をつかまえるには? 幸せな恋愛・結婚をするためのヒントがここに。

1,500円

※表示価格は本体価格(税別)です。

大川隆法霊言シリーズ・未来へのメッセージ

トーマス・エジソンの未来科学リーディング

タイムマシン、ワープ、UFO技術の秘密に迫る、天才発明家の異次元発想が満載！ 未来科学を解き明かす鍵は、スピリチュアルな世界にある。

1,500円

H・G・ウェルズの未来社会透視リーディング

2100年――世界はこうなる

核戦争、世界国家の誕生、悪性ウイルス……。生前、多くの予言を的中させた世界的SF作家が、霊界から100年後の未来を予測する。

1,500円

公開霊言 ガリレオの変心

心霊現象は非科学的なものか

霊魂が非科学的だとは証明されていない！ 唯物論的な科学や物理学が、人類を誤った方向へ導かないために、近代科学の父が霊界からメッセージ。

1,400円

アインシュタインの警告

反原発は正しいか

原子力の父が語る反原発運動の危険性と原発の必要性――。感情論で暴走する反原発運動に、アインシュタイン博士が警鐘を鳴らす。

1,400円

大川隆法ベストセラーズ・神秘の扉が開く

不滅の法

宇宙時代への目覚め

「霊界」「奇跡」「宇宙人」の存在。物質文明が封じ込めてきた不滅の真実が解き放たれようとしている。この地球の未来を切り拓くために。

2,000円

創造の法

常識を破壊し、新時代を拓く

斬新なアイデアを得る秘訣、究極のインスピレーション獲得法など、仕事や人生の付加価値を高める実践法が満載。

1,800円

神秘の法

次元の壁を超えて

この世とあの世を貫く秘密を解き明かし、あなたに限界突破の力を与える書。この真実を知ったとき、底知れぬパワーが湧いてくる！

1,800円

※表示価格は本体価格（税別）です。

大川隆法霊言シリーズ・最新刊

守護霊インタビュー
駐日アメリカ大使
キャロライン・ケネディ
日米の新たな架け橋

先の大戦、歴史問題、ＪＦＫ暗殺の真相……。親日派とされるケネディ駐日米国大使の守護霊が語る、日本への思いと日米の未来。

1,400円

クローズアップ
国谷裕子キャスター
ＮＨＫの〝看板〟を霊査する

ＮＨＫは公正中立な「現代を映す鏡」なのか？「クローズアップ現代」国谷キャスターの知られざる本心に迫る。衝撃の過去世も次々と明らかに！

1,400円

軍師・黒田官兵衛の霊言
「歴史の真相」と「日本再生、逆転の秘術」

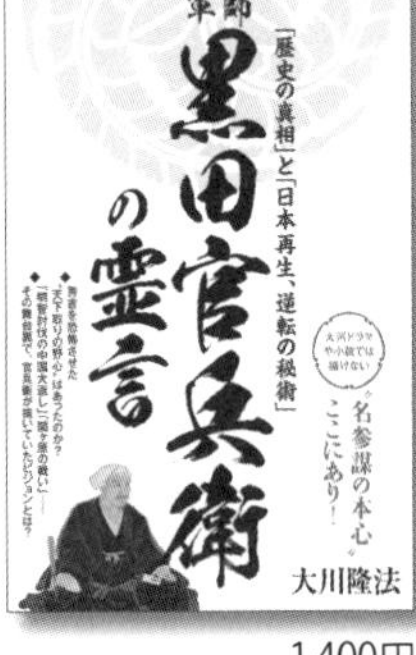

大河ドラマや小説では描けない、秀吉の天下獲りを支えた天才軍師の実像が明らかに！ その鋭い戦略眼が現代日本の行く末を読む。

1,400円

※表示価格は本体価格（税別）です。

大川隆法霊言シリーズ・最新刊

なぜ私は戦い続けられるのか

櫻井よしこの守護霊インタビュー

「日本が嫌いならば、日本人であることを捨てなさい！」日本を代表する保守論客の守護霊が語る愛国の精神と警世の熱き思い。

1,400円

NHK新会長・籾《もみ》井《い》勝《かつ》人《と》守護霊本音トーク・スペシャル

タブーにすべてお答えする

「ＮＨＫからマスコミ改革の狼煙を上げたい！」いま話題の新会長が公共放送の問題点に斬り込み、テレビでは言えない本音を語る。

1,400円

堺雅人の守護霊が語る誰も知らない「人気絶頂男の秘密」

個性的な脇役から空前の大ヒットドラマの主役への躍進。いま話題の人気俳優・堺雅人の素顔に迫る110分間の守護霊インタビュー！

1,400円

幸福の科学出版

幸福の科学大学の魅力

1 夢にチャレンジする大学

今世《こんぜ》の「使命」と「志《こころざし》」の発見をサポートし、学生自身の
個性や強みに基づいた人生計画の設計と実現への
道筋を明確に描きます。

2 真の教養を身につける大学

仏法真理を徹底的に学びつつ心の修行を重ね、
魂の器《うつわ》を広げます。仏法真理を土台に、
正しい価値判断ができる真の教養人を目指します。

3 実戦力を鍛える大学

実戦《じっせん》レベルまで専門知識を高め、第一線で活躍する
リーダーと交流を持つことによって、現場感覚や
実戦力を鍛《きた》え、成果を伴《ともな》う学問を究《きわ》めます。

4 世界をひとつにする大学

自分の意見や考えを英語で伝える発信力を身につけ、
宗教や文化の違いを越えて、人々を魂レベルで
感化《かんか》できるグローバル・リーダーを育てます。

5 未来を創造する大学

未来社会や未来産業の姿を描き、そこから実現に必要な
新発見・新発明を導き出します。過去の思想や学問を
総決算し、新文明の創造を目指します。

校舎棟の正面

学生寮

大学完成イメージ

Noblesse《ノーブレス》 Oblige《オブリージ》

「高貴なる義務」を果たす、
「真のエリート」を目指せ。

幸福の科学学園
中学校・高等学校（那須本校）

Happy Science Academy Junior and Senior High School

私は、
教育が人間を創ると
信じている一人である。
若い人たちに、
夢とロマンと、精進、
勇気の大切さを伝えたい。
この国を、全世界を、
ユートピアに変えていく力を
出してもらいたいのだ。

（幸福の科学学園 創立記念碑より）

幸福の科学学園 創立者
大川隆法

幸福の科学学園（那須本校）は、幸福の科学の教育理念のもとにつくられた、男女共学、全寮制の中学校・高等学校です。自由闊達な校風のもと、「高度な知性」と「徳育」を融合させ、社会に貢献するリーダーの養成を目指しており、2014年4月には開校四周年を迎えます。

幸福の科学学園・教育の特色

「徳ある英才」の創造

教科「宗教」で真理を学び、行事や部活動、寮を含めた学校生活全体で実修して、ノーブレス・オブリージ(高貴なる義務)を果たす「徳ある英才」を育てていきます。

体育祭

天分を伸ばす「創造性教育」

教科「探究創造」で、偉人学習に力を入れると共に、日本文化や国際コミュニケーションなどの教養教育を施すことで、各自が自分の使命・理想像を発見できるよう導きます。さらに高大連携教育で、知識のみならず、知識の応用能力も磨き、企業家精神も養成します。芸術面にも力を入れます。

探究創造科発表会

一人ひとりの進度に合わせた「きめ細やかな進学指導」

熱意溢れる上質の授業をベースに、一人ひとりの強みと弱みを分析して対策を立てます。強みを伸ばす「特別講習」や、弱点を分かるところまでさかのぼって克服する「補講」や「個別指導」で、第一志望に合格する進学指導を実現します。

授業の様子

自立心と友情を育てる「寮制」

寮は、真なる自立を促し、信じ合える仲間をつくる場です。親元を離れ、団体生活を送ることで、縦・横の関係を学び、力強い自立心と友情、社会性を養います。

毎朝夕のお祈りの時間

幸福の科学学園の進学指導

1 英数先行型授業

受験に大切な英語と数学を特に重視。「わかる」(解法理解)まで教え、「できる」(解法応用)、「点がとれる」(スピード訓練)まで繰り返し演習しながら、高校三年間の内容を高校二年までにマスター。高校二年からの文理別科目も余裕で仕上げられる効率的学習設計です。

2 習熟度別授業

英語・数学は、中学一年から習熟度別クラス編成による授業を実施。生徒のレベルに応じてきめ細やかに指導します。各教科ごとに作成された学習計画と、合格までのロードマップに基づいて、大学受験に向けた学力強化を図ります。

3 基礎力強化の補講と個別指導

基礎レベルの強化が必要な生徒には、放課後や夕食後の時間に、英数中心の補講を実施。特に数学においては、授業の中で行われる確認テストで合格に満たない場合は、できるまで徹底した補講を行います。さらに、カフェテリアなどでの質疑対応の形で個別指導も行います。

4 特別講習

夏期・冬期の休業中には、中学一年から高校二年まで、特別講習を実施。中学生は国・数・英の三教科を中心に、高校一年からは五教科でそれぞれ実力別に分けた講座を開講し、実力養成を図ります。高校二年からは、春期講習会も実施し、大学受験に向けて、より強化します。

5 幸福の科学大学(仮称・設置認可申請予定)への進学

二〇一五年四月開学予定の幸福の科学大学への進学を目指す生徒を対象に、推薦制度を設ける予定です。留学用英語や専門基礎の先取りなど、社会で役立つ学問の基礎を指導します。

授業の様子

詳しい内容、パンフレット、募集要項のお申し込みは下記まで。

幸福の科学学園 関西中学校・高等学校

〒520-0248
滋賀県大津市仰木の里東2-16-1
TEL.077-573-7774
FAX.077-573-7775
[公式サイト]
www.kansai.happy-science.ac.jp
[お問い合わせ]
info-kansai@happy-science.ac.jp

幸福の科学学園 中学校・高等学校

〒329-3434
栃木県那須郡那須町梁瀬 487-1
TEL.0287-75-7777
FAX.0287-75-7779
[公式サイト]
www.happy-science.ac.jp
[お問い合わせ]
info-js@happy-science.ac.jp

仏法真理塾

サクセスNo.1

未来の菩薩を育て、仏国土ユートピアを目指す！

サクセスNo.1 東京本校（戸越精舎内）

仏法真理塾「サクセス№1」とは

宗教法人幸福の科学による信仰教育の機関です。信仰教育・徳育にウエイトを置きつつ、将来、社会人として活躍するための学力養成にも力を注いでいます。

「サクセス№1」のねらいには、「仏法真理と子どもの教育面での成長とを一体化させる」ということが根本にあるのです。

大川隆法総裁　御法話「『サクセス№1』の精神」より

仏法真理塾「サクセスNo.1」の教育について

信仰教育が育む健全な心

御法話拝聴や祈願、経典の学習会などを通して、仏の子としての「正しい心」を学びます。

学業修行で学力を伸ばす

忍耐力や集中力、克己心を磨き、努力によって道を拓く喜びを体得します。

法友との交流で友情を築く

塾生同士の交流も活発です。お互いに信仰の価値観を共有するなかで、深い友情が育まれます。

●サクセスNo.1は全国に、本校・拠点・支部校を展開しています。

東京本校 TEL.03-5750-0747　FAX.03-5750-0737	宇都宮本校 TEL.028-611-4780　FAX.028-611-4781
名古屋本校 TEL.052-930-6389　FAX.052-930-6390	高松本校 TEL.087-811-2775　FAX.087-821-9177
大阪本校 TEL.06-6271-7787　FAX.06-6271-7831	沖縄本校 TEL.098-917-0472　FAX.098-917-0473
京滋本校 TEL.075-694-1777　FAX.075-661-8864	広島拠点 TEL.090-4913-7771　FAX.082-533-7733
神戸本校 TEL.078-381-6227　FAX.078-381-6228	岡山拠点 TEL.086-207-2070　FAX.086-207-2033
西東京本校 TEL.042-643-0722　FAX.042-643-0723	北陸拠点 TEL.080-3460-3754　FAX.076-464-1341
札幌本校 TEL.011-768-7734　FAX.011-768-7738	大宮拠点 TEL.048-778-9047　FAX.048-778-9047
福岡本校 TEL.092-732-7200　FAX.092-732-7110	

全国支部校のお問い合わせは、
サクセスNo.1 東京本校（TEL. 03-5750-0747）まで。

メール info@success.irh.jp

エンゼルプランV

信仰教育をベースに、知育や創造活動も行っています。

信仰に基づいて、幼児の心を豊かに育む情操教育を行っています。また、知育や創造活動を通して、ひとりひとりの子どもの個性を大切に伸ばします。お母さんたちの心の交流の場ともなっています。

TEL 03-5750-0757　FAX 03-5750-0767
メール angel-plan-v@kofuku-no-kagaku.or.jp

ネバー・マインド

不登校の子どもたちを支援するスクール。

「ネバー・マインド」とは、幸福の科学グループの不登校児支援スクールです。「信仰教育」と「学業支援」「体力増強」を柱に、合宿をはじめとするさまざまなプログラムで、再登校へのチャレンジと、進路先の受験対策指導、生活リズムの改善、心の通う仲間づくりを応援します。

TEL 03-5750-1741　FAX 03-5750-0734
メール nevermind@happy-science.org

ユー・アー・エンゼル!(あなたは天使!)運動

障害児の不安や悩みに取り組み、ご両親を励まし、勇気づける、障害児支援のボランティア運動です。学生や経験豊富なボランティアを中心に、全国各地で、障害児向けの信仰教育を行っています。保護者向けには、交流会や、医療者・特別支援教育者による勉強会、メール相談を行っています。

TEL 03-5750-1741　FAX 03-5750-0734
メール you-are-angel@happy-science.org

シニア・プラン21

生涯反省で人生を再生・新生し、希望に満ちた生涯現役人生を生きる仏法真理道場です。週1回、開催される研修には、年齢を問わず、多くの方が参加しています。現在、全国8カ所(東京、名古屋、大阪、福岡、新潟、仙台、札幌、千葉)で開校中です。

東京校 TEL 03-6384-0778　FAX 03-6384-0779
メール senior-plan@kofuku-no-kagaku.or.jp

入会のご案内

あなたも、幸福の科学に集い、ほんとうの幸福を見つけてみませんか？

幸福の科学では、大川隆法総裁が説く仏法真理をもとに、
「どうすれば幸福になれるのか、また、
他の人を幸福にできるのか」を学び、実践しています。

入会

大川隆法総裁の教えを信じ、学ぼうとする方なら、どなたでも入会できます。入会された方には、『入会版「正心法語」』が授与されます。（入会の奉納は1,000円目安です）

ネットでも**入会**できます。詳しくは、下記URLへ。
happy-science.jp/joinus

三帰《さんき》誓願《せいがん》

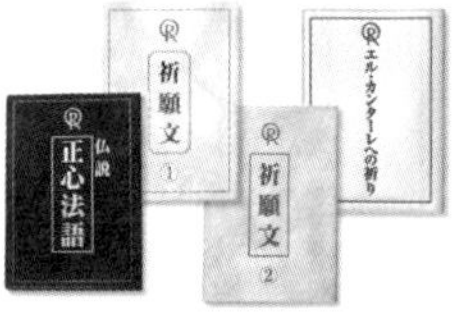

仏弟子としてさらに信仰を深めたい方は、仏・法・僧の三宝への帰依を誓う「三帰誓願式」を受けることができます。三帰誓願者には、『仏説・正心法語』『祈願文①』『祈願文②』『エル・カンターレへの祈り』が授与されます。

植福《しょくふく》の会

植福は、ユートピア建設のために、自分の富を差し出す尊い布施の行為です。布施の機会として、毎月1口1,000円からお申込みいただける、「植福の会」がございます。

「植福の会」に参加された方のうちご希望の方には、幸福の科学の小冊子（毎月1回）をお送りいたします。詳しくは、下記の電話番号までお問い合わせください。

月刊「幸福の科学」

ザ・伝道

ヤング・ブッダ

ヘルメス・エンゼルズ

INFORMATION	幸福の科学サービスセンター TEL. 03-5793-1727（受付時間 火〜金：10〜20時／土・日：10〜18時） 宗教法人 幸福の科学 公式サイト happy-science.jp